図解で学ぶ保育 

社会的養護 II

杉山宗尚・原田旬哉 編著

萌文書林

はじめに

児童相談所の児童虐待相談対応件数が年々増えているのは周知のとおりですが、それに伴って保護されている子どもがいます。また、事故や事件によって保護者が亡くなったり、逮捕されたりした報道を目にすることがあります。その後、その子どもが施設や里親家庭に預けられたという話も時々耳にすると思います。しかし、施設や里親家庭に預けられた子どもがどのように暮らしており、どのような支援を受けているのかといった具体的な内容を知る機会はほとんどありません。

本書では、そのような施設や里親家庭で暮らす子どもがどのような思いを抱いて生活をしていて、その子どもに対して、どのような支援が必要であるのかをわかりやすく説明しました。また、施設には保育士資格を取得した職員も働いていますが、その仕事ぶりについてもイメージできるのではないかと思います。

本書のポイントとしては、以下の３点があげられます。

①「図解で学ぶ保育」シリーズとして恒例の左ページに説明文を掲載し、右ページにはイラストや図表を用いるという形式で、理解しやすくしています。

②演習問題として、簡潔な事例を含めたものを１１種類掲載しています。多くの問題がイラストを用いて事例内容を説明する形です。また、解答を書き込めるようにしているのも大きな特徴です。さらに、問題に関する解説も載せているので、より深く考えることが可能となっています。解説にはインターネットで検索するものがありますが、その場ですぐに当該ページに飛べるようQRコードを載せています。

③「図解で学ぶ保育」シリーズの既刊「社会福祉」「社会的養護Ⅰ」「子ども家庭福祉」で登場した人物を本書でも登場させています。シリーズの関連性を含め、楽しく学べるようになっています。

本書は「日本一わかりやすい社会福祉関連のテキスト」第４弾になります。制作においては「わかりやすさ」にこだわったことで、執筆者の方々に何度も修正をお願いし、長時間をかけてご協力をいただきました。心より感謝申し上げます。さらに、萌文書林の福西志保さんには的確な意見や助言をいただきました。厚くお礼申し上げます。

最後に、本書をご覧になることで、一人でも多くの方が社会的養護に対する理解を深め、関心を抱いていただければ幸いです。

2021年6月
編者

Contents

第1章 社会的養護の理解のために

第2章 アドミッションケア　施設入所・里親委託に伴う支援

第5章 アフターケア

第6章 ソーシャルワーク

第7章 記録と評価

第1章

社会的養護の理解のために

❶ 第二次世界大戦以降の社会的養護

第二次世界大戦後の日本は、戦災孤児をはじめとする子どもの保護が急務でした。そのなかで、1947（昭和22）年には**児童福祉法**が制定され、児童相談所や里親制度、養護施設（現：児童養護施設）や乳児院といった児童福祉施設などについても定められました。

戦後の里親については、委託里親数、委託児童数、登録里親数ともに徐々に増えていきました。しかし、委託里親数と委託児童数は、1958（昭和33）年ごろをピーク（6月末時点：委託里親数8,518件、委託児童数9,477人）に減少していきます（厚生労働省、1959）。登録里親数は、1963（昭和38）年ごろまで増加（3月末時点：19,275件）しますが、その後は減少していきます（厚生労働省、1965）。

そして、2022（令和4）年3月末時点では、委託里親数4,844世帯、委託児童数6,080人、登録里親数15,607世帯となっています（こども家庭庁、2023）。

施設については、1955（昭和30）年の時点で養護施設が528か所、乳児院が132か所設置されていました（厚生労働省、1956）。養護施設は、その後多少の減少もありましたが、2022年3月末の時点では、610か所となっています。乳児院は、同じ時点で145か所となっています（こども家庭庁、2023）。

このように戦後日本の社会的養護は、里親養育が早期に減少し、長らくのあいだ、施設で子どもを保護・養育する**施設養護**が多数を占めてきました。2022年3月末時点での保護が必要な子どもにおける委託・措置の割合は、里親・ファミリーホーム23.5%、児童養護施設69.4%、乳児院7.1%となっています（こども家庭庁、2023）。

この里親・ファミリーホームといった**家庭養護**への委託割合は、アメリカやイギリス、オーストラリアなどの諸外国に比べて低い状況にあります。また、**国連子どもの権利委員会**からは、家庭養護に対する政策や小規模な施設養護（小規模グループケアなど）を実施するにあたっての基準が不十分であること、施設養護において虐待が広く行われていることなどが懸念され、里親委託や養子縁組を推奨する勧告を出されていました。

そのような背景から、2016（平成28）年に改正された児童福祉法では、子どもを権利の主体とすることや、家庭で生活することができない子どもは里親や養子縁組によって養育されることを優先しました。また、それが難しい場合には、小規模で家庭に近い環境の施設で養育されることを原則とする旨などが規定されました。

現在、上記のとおり社会的養護の対象となる子どもの多くが施設で暮らしています。一番多くの子どもが暮らしているのは児童養護施設です。そのほかに乳児院や児童心理治療施設、児童自立支援施設、母子生活支援施設、自立援助ホームなどがあります（表1-1）。

このなかでも、児童養護施設と乳児院は、子どもが大きな建物のなかで集団生活を送っていた状況でしたが、少人数で、より家庭に近い環境のもと、地域社会との良好な関係を築きながら生活を送るために**小規模化・地域分散化（小規模グループケアや地域小規模児童養護施設といった形態）**が進められています。

表1-1　社会的養護施設と里親・ファミリーホームの現状

施設名	乳児院	児童養護施設	児童心理治療施設	児童自立支援施設	母子生活支援施設	自立援助ホーム
施設数	145か所	610か所	53か所	58か所	215か所	229か所
現員	2,351人	23,008人	1,343人	1,162人	3,135世帯 児童5,293人	818人

登録里親数	委託里親数	委託児童数
15,607世帯	4,844世帯	6,080人

ファミリーホーム数	446か所
ファミリーホーム委託児童数	1,718人

※乳児院・児童養護施設・児童心理治療施設・母子生活支援施設の施設数・現員、里親数、委託児童数は福祉行政報告例による（2022（令和4）年3月末現在）

※児童自立支援施設・自立援助ホームの施設数は家庭福祉課調べ（2021（令和3）年10月1日現在）

※自立援助ホームの現員は家庭福祉課調べ（2022（令和4）年3月31日現在）

出典：こども家庭庁「社会的養育の推進に向けて（令和5年4月5日）」をもとに筆者作成

はてなから考える

今後の社会的養護は？

2017（平成29）年8月には、改正児童福祉法の理念を具体的に実現するために策定された「**新しい社会的養育ビジョン**」が、新たな社会的養育の在り方に関する検討会から発表されました。これには、5つの骨格（改革内容）が定められ、それらを9つの工程（具体的な改革計画）にもとづいて進めていくことが示されています。

工程のなかには、乳幼児を新たに施設へは措置しないことや、里親への委託率の目標数値を定め、それを期限内に達成することなどが盛り込まれています。しかし、この目標数値については、地域の実情により各都道府県に委ねること（各都道府県が独自に設定することも可）になっています。

また、子どもの権利が保障され、家庭復帰や里親などへの委託、養子縁組成立に向けた支援、年長の子どもの自立支援を含めた専門性の高い支援が求められています。とくに施設での生活が必要な子どもには、心理職や医師などの専門職との協働、連携した支援が必要です。これらのことを**高機能化**といいます。

さらに、基本的に一時保護所で実施していた一時保護を施設で受け入れて、通学や外出などが可能となるような体制の整備を行うなどといった、**多機能化・機能転換**が求められています。

そして里親については、里親のなり手を増やすリクルートや、里親登録や子どもの委託にかかわる研修、委託中の里親への支援などを一貫して行うことで、里親の量を増やし、質を高めることが求められています（**フォスタリング**）。また、現行の里親制度でなく、新しい類型の創設も検討すべきことが示されています。

このほかにもさまざまなことが指摘・提案されていますが、このように、現状の社会的養護から大きく変革することを求められる時期に来ているのです。

❷ 親子を救うための施設

1 「こうのとりのゆりかご」とは

こうのとりのゆりかご（以下、ゆりかご）は、熊本市にある慈恵病院に設置され、2007（平成19）年５月10日から運用されている施設です。当時、産まれた赤ちゃんが殺害されたり遺棄されるといった事件が発生していました。慈恵病院の理事長であった**蓮田太二**（はすだたいじ）氏が、「赤ちゃんの命を救いたい」「その赤ちゃんの母親も救えるのではないか」という思いを抱いたことから、ドイツのベビークラッペというシステムをモデルに、匿名で赤ちゃんを預けることができる施設として設置しました。

運用の方法は、産科と小児科があるマリア館という建物に窓口があり、そこに小さな扉がつけられています。扉を開けると、さらに引き戸があり、その手前に赤ちゃんを預けに来た人への手紙が置いてあります。手紙を取ると引き戸が開き、奥にある保育器に赤ちゃんをのせて扉を閉めると、安全面を考慮し外からは開かなくなります。

赤ちゃんが預けられると館内のブザーが鳴り、病院スタッフに知らされます。スタッフが駆けつけ、医師が赤ちゃんを診察して健康状態を確認し、保護します。そして、理事長・病院長・事務部長に報告し、熊本市児童相談所と警察署に連絡する仕組みとなっています。警察署に連絡するのは、預けられた赤ちゃんが誘拐された子であるかどうかなど、事件性の有無を確認する必要があるためです。

赤ちゃんが預けられたあとは、親などと連絡をとることが可能であれば、今後に関する相談をします。しかし、親などの情報がまったくわからない場合には、児童相談所が保護をすることになります。そして、戸籍法第57条第２項の規定により、熊本市長によって赤ちゃんの氏名がつけられ、本籍が定められます。

慈恵病院としては、ゆりかごの利用はあくまで最終手段であり、それまでに妊娠・出産・育児などに悩みを抱える人たちに対する相談を電話やメールなどで受けつけ、対応する姿勢を示しています。

このゆりかごは、別名**赤ちゃんポスト**とも呼ばれています。2014（平成26）年に放映されたテレビドラマ「明日、ママがいない」は、児童養護施設を舞台にした内容だったのですが、主人公の女の子が赤ちゃんポストに預けられたことを理由に「ポスト」というあだ名がつけられていました。また、児童養護施設の様子の描写も、実際とはかけ離れた職員の対応など、誤解や偏見を与えるものがあったため、慈恵病院や全国児童養護施設協議会がテレビ局に放送中止を申し入れるなどの騒動にもなりました。

慈恵病院マリア館にある、こうのとりのゆりかごへ向かう道。背の高い木が人目をさえぎってくれる。

小さな扉にたどり着く。

扉を開けると手紙が置いてある。手紙を取ると、内扉（引き戸）の鍵が開くシステムになっている。

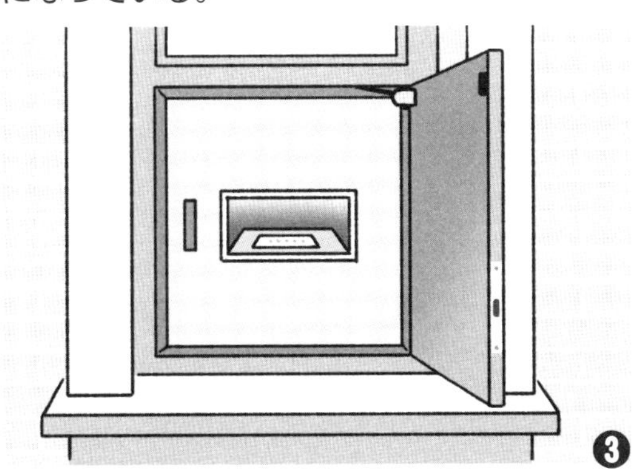

奥に保育器があり、そこに赤ちゃんを寝かせる。

館内のブザーが鳴ってスタッフに知らされる。

医師の健康チェックが行われ、関係者や関係機関に報告される。

図1－1　こうのとりのゆりかごの仕組み

出所：「SOS 赤ちゃんとお母さんの妊娠相談」HP、熊本市 HP「「こうのとりのゆりかご」第４期 検証報告書」をもとに筆者作成

2 こうのとりのゆりかごの現状と検証

赤ちゃんの命を救いたいという思いで設置されたゆりかごですが、子どもの遺棄を助長することにつながるといった意見など、反対意見も多数ありました。全国的に議論を巻き起こしているため、ゆりかごが適切に利用・運用されているかを検証する必要があります。そこで、大学教授をはじめとする有識者による専門部会を設置し、検証を行っています。

まず、2007（平成19）年５月10日から2009（平成21）年９月30日までを、第１期検証期間としました。そして、2009（平成21）年10月１日から2011（平成23）年９月30日までが第２期検証期間です。

その後は、2011（平成23）年10月から2014（平成26）年３月までを第３期、2014（平成26）年４月から2017（平成29）年３月までを第４期、2017（平成29）年４月から2020（令和２）年３月31日までを第５期として検証報告を行っています。また、１年ごとにゆりかごの利用状況が公表されています。

●利用状況と課題

「「こうのとりのゆりかご」の預け入れ状況について」（熊本市HP）によると、開設した2007（平成19）年度から2022（令和４）年度までに子どもが預けられた件数は、170件になっています。

開設年度から４年間は、年間15件以上の預け入れがあったのですが、それ以降は年間15件未満で推移していて、一桁の年度も出てきています。預け入れられた子どもの年齢は170件のうち、新生児140件、乳児20件、幼児10件です。

棄児（遺棄された子ども）として、熊本市が戸籍を作成したのは、45件ありました。そして、父母の居住地は、熊本県13件、熊本県を除く九州41件、四国１件、中国９件、近畿16件、中部16件、関東27件、東北３件、北海道１件、国外１件、不明42件となっています。

預け入れの理由については、生活困窮（貧しさのため生活が苦しく困っていること）や未婚、世間体・戸籍の関係、パートナーの問題、不倫、などがあげられています。

出産場所については、医療機関が57件、医療機関（推定）が７件、自宅86件、車中が４件、その他が１件、不明が15件です。自宅や車中といった医療機関にかからない出産のほうが多く、近年はとくに自宅出産の子どもが預けられた割合が高くなっています、

また、「第５期検証報告」では、第５期までの運用のなかで、障害のある子どもが預けられた事例は17件ありました。さらに、10代・20代の母親がゆりかごへ預け入れた割合の高さから若い世代の妊娠・出産に対する基本的な知識不足の実態があることや、父親が当事者としての自覚を持っていない例が少なくないこと、預け入れを前提とした自宅出産や、出産直後の母子が長距離移動することが命の危険をはらむことなどが指摘されており、多くの課題を抱えている現状があります。

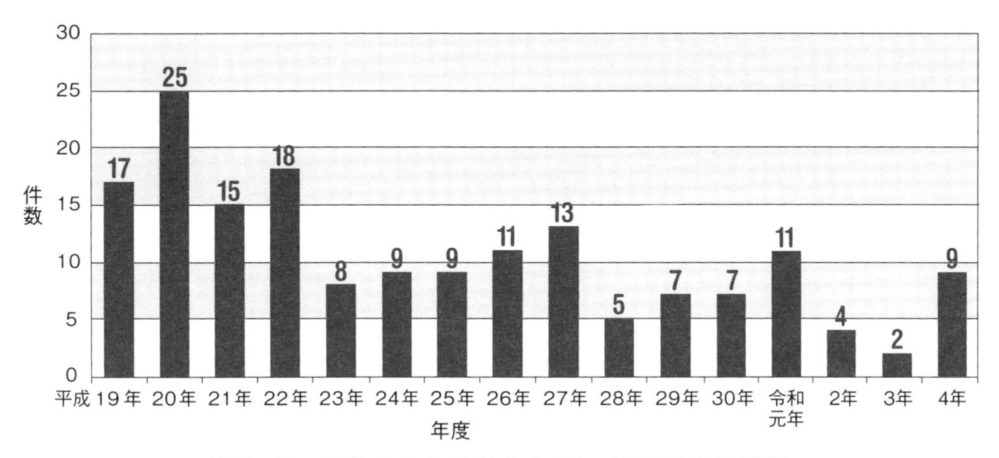

図1-2　こうのとりのゆりかごへの預け入れ件数

出典：熊本市HP「こうのとりのゆりかご」の預け入れ状況に係る統計資料と、令和２年度・令和３年度・令和４年度の公表項目及び件数をもとに筆者作成

はてなから考える

内密出産とは？

内密出産とは、病院の一部の人たちだけにしか自分の身分を明かさずに子どもを出産することです。2021（令和3）年12月にはじめて熊本市の慈恵病院において、内密出産が実施されました。

慈恵病院にはこうのとりのゆりかごが設置されていますが、ゆりかごは出産後に子どもを預け入れる制度のため、自宅出産や出産後の移動による母子の生命の危険性などがあります。また、ゆりかごを設置していても孤立出産による子どもの遺棄や殺害が起こってしまうなどの課題があり、出産前から母子を守る必要性から内密出産を導入しました。

慈恵病院の内密出産は、新生児相談室長だけが母の身分を確認し、その情報を病院の金庫で厳重に保管します。出産した子どもは児童相談所が一時保護し、乳児院等へ預けられて、特別養子縁組などに向けた対応がとられます。

戸籍については、子どものみの単独戸籍が作られます。将来自分の出自を知りたいと希望した場合、産んだ女性の同意があれば、病院は保管している情報を開示できるとしています。

この内密出産に関して、国は2022（令和4）年9月にガイドラインを公表していますが、あくまでこの内密出産について推奨はしていません。ガイドラインの内容についても、女性の情報管理や子どもへの情報開示方法については各医療機関に委ねるものとなっていて、全国一律の基準などを示しているものではないという面があります。

❸ 特別養子縁組

養子縁組は、法律により親子関係をつくる制度です。これを「法定血族」といい、**民法**（第792条～第817条の11）に規定されています。養子縁組には、**普通養子縁組**と**特別養子縁組**の二つの方法があります。

普通養子縁組は、主に子どもを連れて結婚（再婚など）する場合に、結婚する相手との養子縁組届を提出することで成立します（実親との親子関係は継続されます）。婚姻届と養子縁組届は別であり、親が結婚（再婚など）をしても養子縁組をする必要はありません。

一方、特別養子縁組は、望まない妊娠や性被害による妊娠などにより、産んでも育てることができないといった理由で養子縁組されるものです。「中絶を選択できるのでは」と考える人もいるでしょうが、中絶のための費用が準備できない、だれにも相談できず中絶可能な時期を過ぎてしまったなど、さまざまな事情で特別養子縁組を選択する人もいます。

また、養親となる人たちも不妊や病気などで子どもを授かることができない事情を抱えていることがあります。ただし、この特別養子縁組は、子どもの幸せを最優先に制度化されたものであることを忘れてはいけません。

1 特別養子縁組の成立の要件

特別養子縁組の成立については、「父母による養子となる者の監護（育てること）が著しく困難又は不適当であることその他特別の事情がある場合において、子の利益のため特に必要があると認めるときに、これを成立させるものとする。」（カッコ内筆者）と民法（第817条の7）に規定されています。

つまり、これ以外では認められません。したがって、結婚（再婚など）する相手の子どもとの普通養子縁組はできますが、特別養子縁組をすることは原則できません。そして、特別養子縁組が成立すれば、実親との親子関係は終了します。

特別養子縁組の成立要件は、民法で以下のように定められています。

①実親が子どもを育てることが困難または不適当で、子どもの利益のため、とくに必要と家庭裁判所が認めた場合。

②実親が特別養子縁組に同意している。ただし、実親が意思表示できない、虐待などにより、子どもの利益を著しく損なう場合には実親の同意は不要になることもある。

③養親の条件は、25歳以上の夫婦が共同で養子縁組をする（どちらか一方が25歳以上で、もう一方が20歳以上であれば可能）。

④養子となる子どもの年齢は、原則15歳未満（家庭裁判所に審判の申立てをする時点）で、例外として、本人の同意があり、15歳未満のときから一緒に暮らしている、などの条件を満たせば18歳未満は可能。

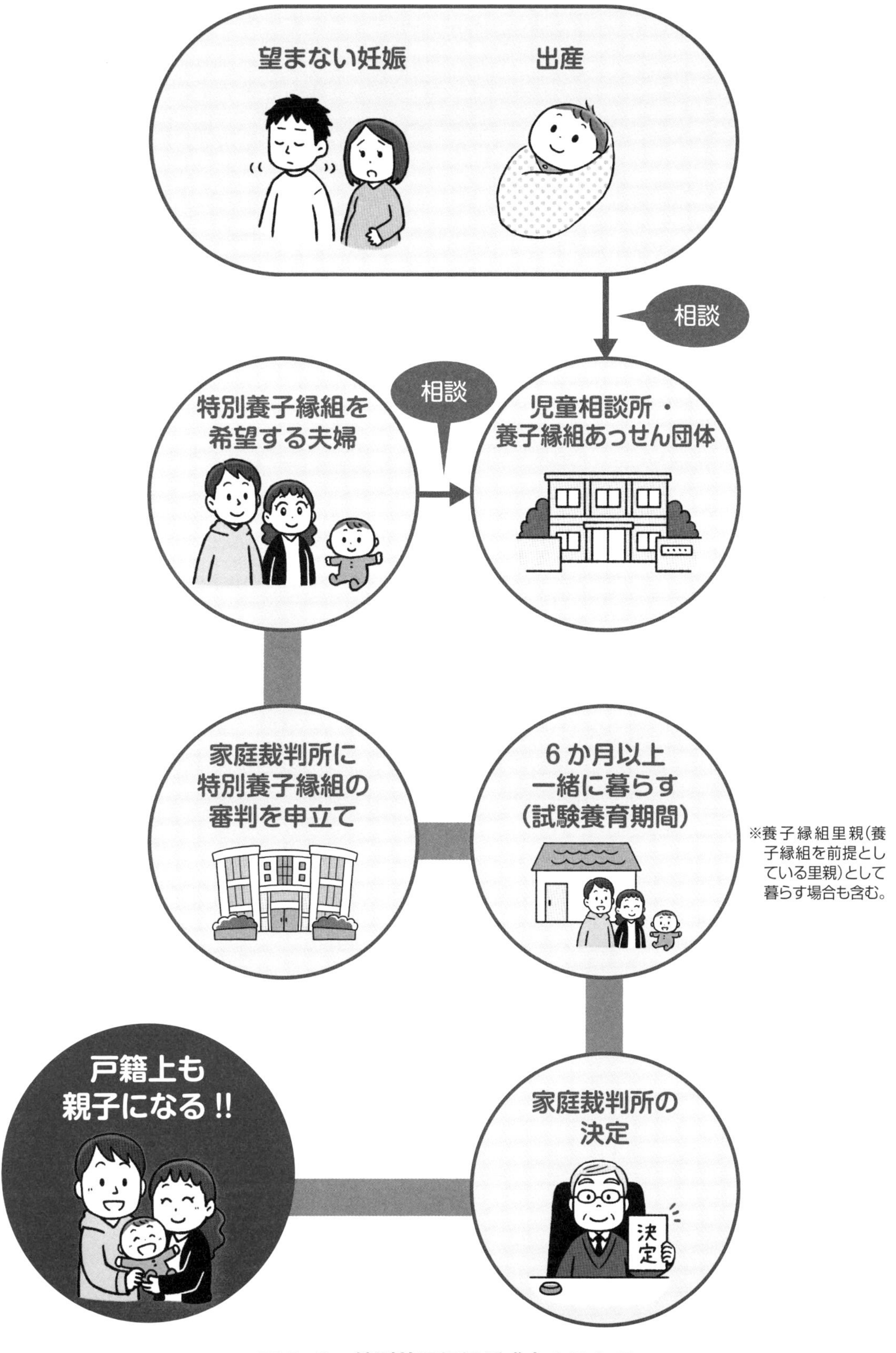

図 1-3　特別養子縁組が成立するまで

2 特別養子縁組の手続きと試験養育の期間

特別養子縁組は、実親との親子関係が終了して新たな親子関係が構築されるため、慎重な判断が必要です。そのため、2019（令和元）年の改正民法により、手続きが二段階になりました。

第一段階（児童相談所長または養親候補者が申立て）は、「実親の養育状況および実親の同意の有無を判断する審判（特別養子適格の確認の審判）」、次いで第二段階（養親候補者が申立て）として「養親子のマッチングを判断する審判（特別養子縁組の成立の審判）」となっています。

ただし、手続きが長期化することを防止するために、二つの手続きを同時に進めることを可能としています（第一段階の申立てが養親候補者の場合は、第二段階の審判を同時に申立てなければならない）。

大切なことは、この制度は「子どもの利益のための制度」であるため、養親と子どもとの相性や、養育能力を確認する必要があることから、6か月以上の**試験養育**の期間が設けられています。この期間は、**養子縁組里親**として養親候補者が里親として子どもを養育することも含まれます。

試験養育の状況をふまえて、家庭裁判所が特別養子縁組の成否について審判をします。成立すると子どもは養親の戸籍へ入籍され、親子となることができます。

3 特別養子縁組制度の成立の経緯と動向

特別養子縁組は1987（昭和62）年の改正民法により、新たに創設された制度です。その背景には**菊田医師事件**がありました。産婦人科医師の菊田昇が出生証明書を偽造した事件です。菊田医師は「欲しない妊娠」（菊田、1973）だとしても、赤ちゃんには生きる権利があると考えました。一方で、子どもに恵まれずに不妊に悩む夫婦がいるという現実もあり、望まない妊娠などによって生まれてくる子どもを不妊に悩む夫婦へ託すことを考えました。

その方法は、子どもに恵まれない夫婦から子どもが生まれたように出生証明書を作成（偽造）するというものです。これは違法行為であったため「事件」となりました。しかし、赤ちゃんの命を救うための違法行為であったことから社会の反響も大きく、菊田医師は国会に招致されて事情を聞かれています。結果、この事件がきっかけとなり、特別養子縁組の法定化へとつながっていきました。

現在、児童虐待問題を解決する方法の一つとして特別養子縁組は有効です。2019年の改正民法では、手続き（前項）のほかにも年齢要件が見直され、年齢が6歳未満から原則15歳未満（例外として18歳未満）に変更されました。例外が認められるのは、①15歳になる前から養親と一緒に暮らしている、②15歳までに申立てができなかったやむを得ない事情がある、③15歳になっている場合には本人の同意が必要である、となっています。

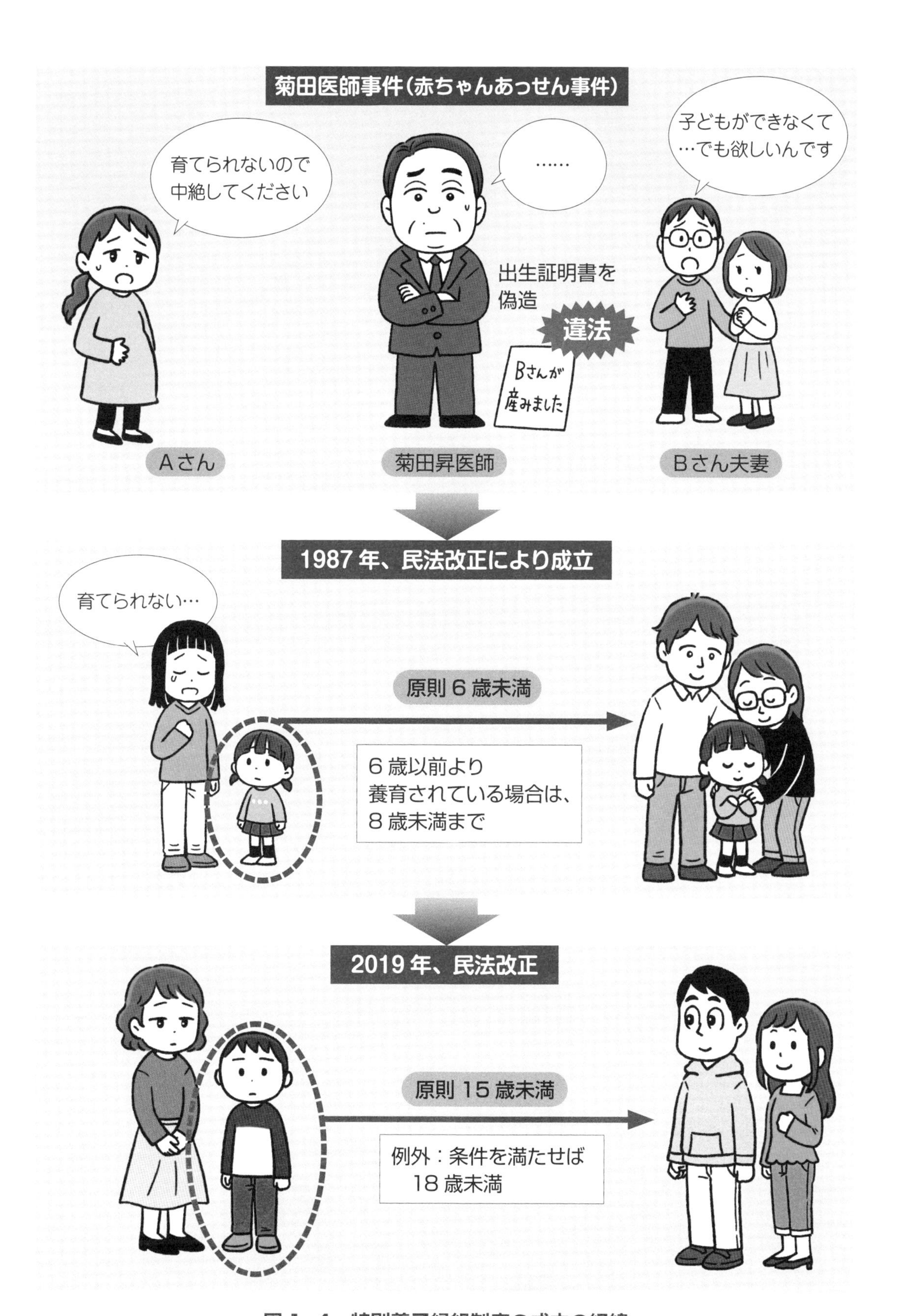

図 1-4　特別養子縁組制度の成立の経緯

演習 CASE 1 「こうのとりのゆりかご」について考えよう

父子家庭で育った宗子は、中学を卒業すると家出し、友人宅で居候生活をはじめました。

その後、友人宅も出た宗子は、SNS※で泊めてくれる人を探して、泊まり歩くようになります。

このような生活を続けるうちに、妊娠していることがわかりました。

しかし、宗子には相談できる人がだれもいません。そして、おなかの子は次第に大きくなっていきました。

ある時、おなかが痛くなり、そのまま公園のトイレで出産してしまいます。

宗子は以前テレビで見た「こうのとりのゆりかご」がある熊本の病院へ行き、生まれたばかりの子どもを預けることにしました。

その子どもは児童相談所の判断で乳児院へ預けられ、しばらくして里親のもとで暮らしはじめました。のちに、その里親と特別養子縁組を結ぶことになりました。

養親は子どもが5歳になったとき、養子である事実を伝えました。

※ Social Networking Service の略。Twitter、Instagram、Facebook などの社会的ネットワーク構築を可能にする web を利用したサービスのこと

問題

① 宗子が「こうのとりのゆりかご」に子どもを預けることになった状況について、あなたはどのように感じましたか。意見を書いてみましょう。

② 宗子が産んだ子どもが養親から特別養子縁組である事実を伝えられたとき、どのように感じたと思いますか（実親のことを知りたい・知りたくないなど、その理由とともに）。

③「こうのとりのゆりかご」について、あなたの意見を述べましょう（賛成や反対なども含めて、その理由とともに）。

解説

① 宗子の境遇や背景をふまえて考える

宗子はSNSを利用して泊まる場所を確保していたため、見知らぬ男性宅へ行くことが多々ありました。その結果、妊娠・出産をし、「こうのとりのゆりかご」（以下、ゆりかご）へ子どもを預けるに至ったことについては、第三者から見ればひどい人・無責任な人というように映るかもしれません。

しかし、まず父子家庭の自宅を出ることになった理由は何であったかを考える必要があります。もしかしたら父親から虐待を受けていたかもしれませんし、虐待まではいかなくてもそれに近い状況だったのかもしれません。そのような状況のなか、友人宅での居候は気を遣うため居心地がいいはずもなく、長居は難しいでしょう。

また、帰る場所がなく、中学を卒業して間もない未成年が一人で生きていくためには、SNSを利用して泊めてくれる人を探すという方法をとるのも仕方がないのかもしれません。

② 正解はない。子どもの立場になって考えてみよう

実親のことを知りたいかどうかは、人によってそれぞれ違うでしょう。何が正解かということはありません。そして、子どもが出自を知る権利は保障されるべきですが、それを知ったことで本当によかったと思えるのかどうかについて、大人側は考える必要があります。ただ単に事実を伝えればいいという問題ではないため、事実を知った子どもがどのように感じるのか、ショックを受けた子どもの支えになってあげられるのかなど、さまざまなことを想定し、対応できるようにしておかなければなりません。

③ 善悪で判断しない

子どもの命を救うために設置された「ゆりかご」。命を救うことはもちろん大切ですが、それだけでいいということでもありません。命を救われた子どもが「この世に生まれてきて本当によかった」と思えるようにすることも大切なのです。それは、やはりその子の受け皿としての社会的養護がしっかりと機能しなければなりません。実親に代わる大人からあふれるくらいの愛情を注がれて過ごせる環境が欠かせないのです。そのようなことが保障されるように法制度などの整備が求められます。

また、一部ですが、子どもを育てられないから「ゆりかご」に預ければいいと、安易な考えで利用する人がいることも事実です。預け入れる側の意識についても、考えなければならない問題といえます。

■引用文献

菊田昇『私には殺せない――赤ちゃん斡旋事件の証言』現代企画室、1973 年、p. 11
こども家庭庁「社会的養育の推進に向けて（令和５年４月５日）」2023年
厚生労働省「厚生白書（昭和30年版）」1956年
厚生労働省「厚生白書（昭和33年版）」1959年
厚生労働省「厚生白書（昭和39年版）」1965年
厚生労働省「令和３年度 福祉行政報告例」2023年
熊本市HP「令和２年度「こうのとりのゆりかご」の預け入れ状況について」2023年８月８日閲覧
熊本市HP「令和３年度「こうのとりのゆりかご」の預け入れ状況について」2023年８月８日閲覧
熊本市HP「令和４年度「こうのとりのゆりかご」の預け入れ状況について」2023年８月８日閲覧
熊本市要保護児童対策地域協議会 こうのとりのゆりかご専門部会「「こうのとりのゆりかご」第５期 検証報告書」2021年
「SOS赤ちゃんとお母さんの妊娠相談」HP、2021年１月14日閲覧

■参考文献

原田旬哉・杉山宗尚編著『図解で学ぶ保育　社会的養護Ⅰ』萌文書林、2018年
慈恵病院HP「日本テレビドラマ「明日、ママがいない」放送に当たりまして」2021年１月15日閲覧
菊田昇『私には殺せない―― 赤ちゃん斡旋事件の証言』現代企画室、1973年
厚生労働省「新しい社会的養育ビジョン」2017年
厚生労働省「『乳児院・児童養護施設の高機能化及び多機能化・機能転換、小規模かつ地域分散化の進め方』について」2018年
熊本市HP「「こうのとりのゆりかご」第５期検証報告について」2023年８月８日閲覧
NHK「誰にも言えない～内密出産の現場から～」『NHK福祉情報サイト ハートネット』2023年８月10日閲覧
日本弁護士連合会HP「第１回政府報告書審査　国連子どもの権利委員会の最終見解」2021年１月15日閲覧
日本弁護士連合会HP「第３回政府報告書審査　国連子どもの権利委員会の最終見解 日本語」2021年１月15日閲覧
日本弁護士連合会HP「第４回・第５回政府報告書審査　国連子どもの権利委員会総括所見　日本語」2021年１月15日閲覧
日本テレビHP「明日、ママがいない」2021年１月15日閲覧
全国保険医協会連合会HP「困難に寄り添って― 赤ちゃんポストが見つめた10年（全国保険医新聞2017年４月５日号より）」2021年１月15日閲覧

子どもシェルター

虐待や貧困などの境遇にある子どものなかには、「家に帰ることができない」「家に帰りたくない」といった、居場所や落ち着けるところがない状況があります。このような子どもの居場所や課題を解決してくれるところが、**子どもシェルター**です。

一般的にこれらの問題に対して、児童相談所が家庭への介入や子どもの保護（一時保護など）といった対応をしますが、10代後半の子どもは多感な時期でもあり、一時保護所になじめない、個別対応が望ましいなどの場合もあります。このような子どもの受け皿として、子どもシェルターは機能しています。

子どもシェルターは**自立援助ホーム（児童自立生活援助事業）**の種別に属しており、多くのシェルターは弁護士が中心となって設立した特定非営利活動法人（NPO法人）などが運営しています。

なぜ弁護士が中心となるのかというと、親権の課題があるからです。親権は子どもを守るために強い力があることから、虐げられている場合でも、むやみに保護すれば誘拐などの罪に問われるなど法的問題となる可能性が否定できません。そのため、弁護士などの法律の専門家によるサポートが有効になります。

子どもシェルターは、居場所を失った子どもの暮らしの場の提供と、課題や問題の解決に向けた支援が目的です。弁護士や医師などの専門職のサポートにより、将来に向けた道を探します。

しかし、安定した運営体制になっていないこともあり、シェルターを運営するには、人的支援や金銭的支援などを社会に求めざるを得ない状況です。そのため、会員制度を取り入れるなどして支援者を募っています。

シェルターは子どもの安全確保が最優先であり、所在地は秘匿されているため、表札で施設名などは公開されていません。建物も一般の家屋と同じで、一目見ただけではシェルターとはわからないという特徴があります。

利用については、ホームページなどで電話番号などが公開されているので、そこにアクセスをすることで支援へとつながります。保護の方法などの具体的なことについては、個々の状況によって相談しながら対応するようになっています。

第 2 章

アドミッションケア
施設入所・里親委託に伴う支援

❶ 子どもの保護について（一時保護）

1 一時保護

子どもが施設に入所したり、里親に委託されたりする前には、**一時保護**を経験していることが多いです。虐待を受けている、家出をしていて帰るところがない、などさまざまな状況の子どもを一時的に保護するのです。一時保護に関することは、児童福祉法第11条第1項第2号ホ、第12条の4、第25条の7、第33条に定められています。

一時保護には3つの機能があります。

①**緊急保護**……子どもの安全を非常に早く確保して適切な保護を行う。

②**アセスメント**……子どもの心と体の状況や子どもの置かれている環境などを把握する。

③**短期入所指導**……子どもの行動上の問題や精神的問題のために短期間の心理療法、生活面での問題に対する支援などが、ほかの方法で行うことが難しい場合に一時保護を活用する。

以上のことが必要な子どもを、都道府県などが設置する一時保護施設（以下、**一時保護所**）や、乳児院・児童養護施設などの児童福祉施設、里親家庭などで保護します。

一時保護は、基本的には一時保護所で実施されていて、一時保護所は児童相談所と同じ建物のなかにあったり、児童相談所と同じ敷地内の別の建物であったりすることが多いです。児童相談所から離れた場所に設置されているところもありますが、密接な連携を保つことができる範囲内に設置するよう定められています。

全国の児童相談所が2021（令和3）年度に受けつけた一時保護所における一時保護件数は、26,435件です。保護理由の内訳は、児童相談所が受けつける相談の種類別で発表されています（図2-1）。

一時保護所は全国に152か所（2023（令和5）年4月1日時点）設置されていますが、地域によっては十分に定員枠が足りているとはいえません。そのため、子どもを保護しても一時保護所の定員が一杯の場合があります。

一方、たとえば、夜間に発生した保護で遠方にある一時保護所に子どもを連れていくことができない場合や、乳児や基本的生活習慣が自立できていない幼児の場合、自傷や他害のおそれなどがあり一時保護所で保護することが難しい場合などさまざまな理由によって、児童福祉施設や里親などに一時保護を委託します。このことを**委託一時保護**といいます。

一時保護では、安全確保のために外出ができない、学校へ通えないなど、状況によっていろいろな制限があります。しかし、可能なかぎり自由に行動できるようにすることが求められています。そのため今までの学校へ通学できるように、通学区域にある里親や施設などの委託一時保護を積極的に活用することなどが望まれています。

さらに、2022（令和4）年の改正児童福祉法により、適切な一時保護を行うために裁判所（裁判官）に**一時保護状**を請求して認められることが必要になりました。

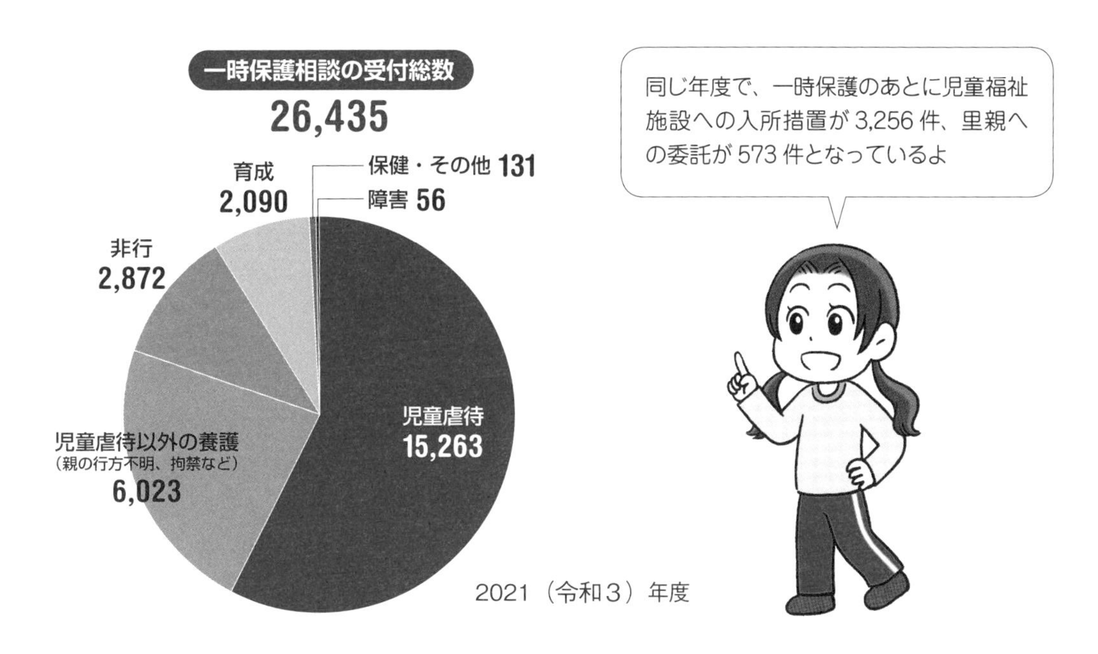

図2-1　児童相談所が受けつけた一時保護所における一時保護相談種類別の内訳

出典：厚生労働省、2023をもとに筆者作成

表2-1　委託一時保護解除（委託終了）の内訳

委託先	件数	割合
施設（児童養護施設、乳児院など）	12,785件	54.3%
里親	5,225件	22.2%
警察など	2,303件	9.8%
その他（医療機関など）	3,213件	13.7%

※割合については、小数第２位を四捨五入している。

出典：厚生労働省、2023をもとに筆者作成

2 各種診断

前述したように、一時保護にはアセスメントの機能があります。これは、適切で具体的な援助方針（援助指針）を定めるために、一時保護による十分な行動観察などを含む総合的なアセスメントを行う必要がある場合に実施します。児童相談所がアセスメントのために行う診断は、大きく４つあげられます

①**行動診断**……一時保護で行います。**児童指導員**や**保育士**などによって、基本的生活習慣や日常生活の状況、一時保護所への入所後の変化、子ども集団の一員となって子どもの生活全般にわたる観察を行う参与的観察、生活場面における面接をもとに、援助の内容や方針を定めるために行われます。

②**社会診断**……**児童福祉司**や相談員によって、子どもやその家族、親族、地域の関係者との面接などの調査によって、子どもや家族が置かれている環境や、社会資源の活用の可能性などを明らかにし、どのような援助が必要であるかを判断するために行われます。

③**心理診断**……**児童心理司**によって、面接や観察、心理検査などをもとに心理学の立場による援助の内容、方針を定めるために行われます。

④**医学診断**……精神科や小児科の医師が行う問診や診察、検査などをもとに、医学的な立場から子どもの援助や治療の内容、方針を定めるために行われます。

これらの診断をもとに、各診断担当者による協議が行われ、総合診断としての判定が行われます。その結果、援助方針（援助指針）案が作成されるのです。そして、**援助方針会議**が行われ、子どもや家族への援助の方針が決定されていきます。

3 権利擁護と「子どもの権利ノート」

一時保護所や施設、里親家庭などで生活するにあたって、子どもの権利はかならず守られなければなりません。**子どもの権利条約**で掲げられている４つの柱（生きる権利、守られる権利、育つ権利、参加する権利）を基礎として、子どもの権利が保障される必要があります。

子どもには安心して生活することができるように、保障されている権利について、丁寧に説明することが求められます。その際に望ましいのは、**子どもの権利ノート**を活用することです。これは基本的に各自治体によって作成されているので、内容などはさまざまですが、子どもの権利を保障するために、また、子どもの不安を少しでも和らげることができるように工夫されています。施設独自で作成しているところもあります。

子どもの権利ノートは児童相談所の児童福祉司から配られることが多いのですが、それも自治体によって異なります。なかには入所する施設職員や委託される里親などから配られるところもあるようです。一時保護所では、この権利ノートや権利に関する冊子を作成して、子どもの権利に関する内容や一時保護所での生活で制限されること、意見の表明方法などについて、説明することが求められています。

△△県　子どもの権利ノート

施設や里親家庭で
安心して生活するために

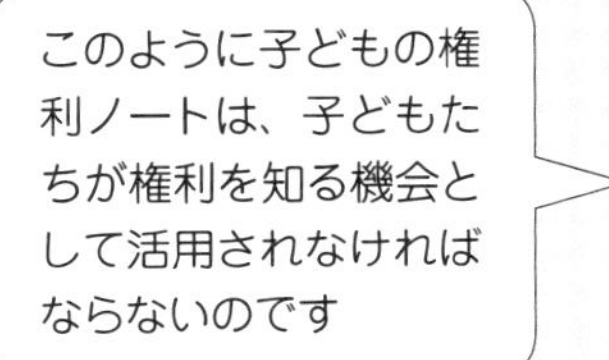

1．生きる権利があります

あなたは、この世界でかけがえのない大切な存在です。そのため、あなたの命が大切にされなければなりません。たとえば、病気になったり、けがをしたりしたときには、きちんと手当てを受け、必要に応じて病院に連れて行ってもらえます。

2．守られる権利があります

あなたは、たたかれたり、けられたりする暴力や言葉による暴力から守られる権利があります。また、体をさわられたり、いやらしいことを言われたりすることからも守られなければなりません。施設や里親家庭で暮らすうえでのプライバシーも守られます。

3．育つ権利があります

あなたは、自由に好きなことをして遊んだり、好きな音楽を聴いたり、体を動かしてスポーツをしたりするなどの権利があります。また、学校に行って勉強することができ、学校生活や勉強に必要な物を準備してもらうことができます。

4．参加する権利

あなたは、自分の思っていることや考えていること、感じたことなどを自由に表現できて、それを尊重してもらえる権利があります。そのため、したいことをしたいと言ってもいいですし、嫌なことを嫌と言ってもいいのです。

図2-2 「子どもの権利ノート」の例

筆者作成

4 児童相談所による施設入所や里親委託の説明

施設や里親・ファミリーホーム（以下、里親）への入所・委託措置は、基本的に児童福祉法第27条第１項第３号の規定を根拠に行われます。これを行うには、家族と子どもを引き離して、別の場所で生活をするという性質上、丁寧な説明と同意が必要です。

入所・委託措置という権限は、都道府県知事や指定都市市長、児童相談所設置市市長から委任を受けている児童相談所長にあります。そのため、**児童相談所**は子どもの援助について決定していきます。児童相談所の児童福祉司の役割として、子どもと保護者に対する十分な説明が求められますが、**児童相談所運営指針**には施設や里親への入所・委託措置に際して、留意すべき事項などが記載されています。

●施設への入所措置について

措置する施設の選定において、子どもと保護者の意向を尊重し、子どもにとって適切な施設を選びます。そして、子どもと保護者に対して次のことを説明しなければなりません。

①入所措置をとることにした理由、②施設の名称・所在地・特色、施設での生活など、入所する施設に関すること、③施設長による**監護措置**（子どもを手元で育てて教育をし、成長を図るために必要な手続きや処置）や**親権者**（親権：次ページ参照）などがいない場合の親権代行、緊急時の施設長による対応など、施設入所中の監護措置に関すること、④施設入所中の面会や通信に関すること、⑤施設入所中の費用に関すること

●里親への委託措置について

保護者に対し養育里親と養子縁組里親との違いや、里親委託が原則であること、里親家庭による養育が子どもの健康な心身の発達や成長をうながすものであることなどを、説明して理解を得るように求められています。加えて子どもと保護者に以下を説明します。

①委託措置をとることにした理由、②委託しようとする里親の氏名・居住地など里親に関すること、③里親による監護措置や親権者などがいない場合の児童相談所長による親権代行、緊急時の里親による対応など、里親委託中の監護措置に関すること、④里親委託中の面会や通信に関すること、⑤里親委託中の費用に関すること

また、保護者に対して施設や里親の住所などを教えると、子どもを保護するうえで支障が生じる場合には、支障のない内容を保護者へ説明することになっています。

さらに、本来は施設入所や里親委託については、親権者や**未成年後見人**（親権者がいない場合の代わりの者）の同意を得て行うことが望ましいのですが、反対されることがあります。しかし、虐待を受けているなど、子どもが家庭で生活することが不適切な場合には、児童福祉法第28条の規定にもとづいて、**家庭裁判所**へ承認に関する家事審判の申立てを行います。承認とは、前述した児童福祉法第27条第１項第３号の措置（施設入所・里親への委託）を認めてもらうことです。このようにして強制的に施設入所や里親委託した場合の期間は、２年間となっています。しかし、引き続き入所や委託が必要な場合には、家庭裁判所に承認を得ることで更新することができます。

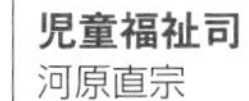

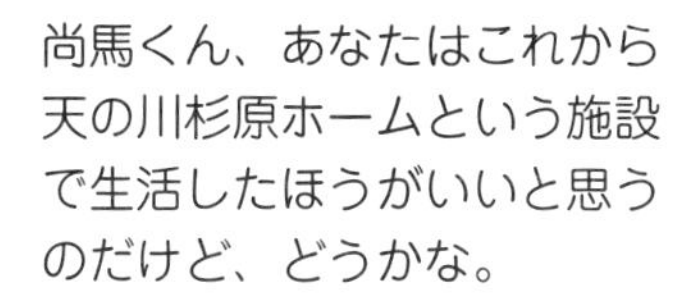

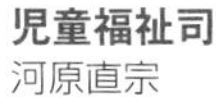

図2-3　児童福祉司による施設への入所措置の説明

はてなから考える

親権停止、親権喪失って？

親権とは、未成年の子どもを手元で育て、教育することによって成長を図ったり、子どもの財産を管理したり、子どもの代わりに法律行為を行ったりする権利や義務のことです。その親権のある者が、子どもに対して虐待など不適切な行為により子どもの利益を損なう場合に、親権を停止させたり、喪失（失うこと）させたりすることです。

民法に規定されている子どもや親族など以外にも、児童福祉法第33条の7の規定によって、児童相談所長も家庭裁判所に審判の請求をすることができます。

親権停止の審判の請求は、2年以内の期間を区切って親権を制限するもので、親権喪失までは必要がない場合や、親権者が子どもに必要な医療を受けさせることに同意しない場合などに活用されます。

また、親権者が重度の身体的虐待やネグレクトを行うことで子どもに重度の障害を負わせるなどしていて、親権者の対応や親子の関係に改善が期待できない場合などは、親権喪失の審判の請求も検討します。

ただ、原則として、親権者が将来的に改善する意欲を削がないようにとの考え方から、親権停止の審判の請求が優先して行われます。

❷ 子どもを受け入れるにあたって

子どもを受け入れる施設や里親は、さまざまな準備が必要です。まずは事前に子どもへ会いに行くことが考えられます。一時保護所や委託一時保護されている施設・里親家庭、場合によっては子どもの自宅、措置変更であれば子どもが現在生活している施設などへ会いに行きます。

その際、施設職員は**施設のパンフレット**など施設の様子や地域のこと、たとえば学校などがわかる写真などを持参するのがよいでしょう。里親は、自宅の様子や施設と同じように地域のことがわかるものがあればよいでしょう。

しかし、一番大切なことは、会いに行くということです。施設や里親家庭で新たに生活をはじめる子どもは大きな不安を抱えていますので、これから暮らすところにいる人が自分に会いに来てくれるというのは、大きな安心につながるものです。

保護者にも可能ならば事前に会って、施設や里親家庭での生活について話ができることが望ましいです。場合によっては、児童相談所の職員と一緒に会うのも一つの方法です。また、とくに施設での生活について子どもや保護者が想像することは難しいため、実際に見学に来てもらうことが有効です。

施設内で行う準備としては、子どもを受け入れる体制を整えておくことです。部屋はもちろん、日常生活用品の用意、担当者の決定、就園・就学している子どもの場合は、幼稚園や学校・教育委員会などへの連絡、ほかの入所中の子どもに対する周知などがあげられます。

ほかには、子どもや家庭・家族などの情報を児童相談所からしっかりと得ておくことです。事前に児童相談所から送られてくる措置に関する書類に目を通し、不明な点やさらに必要な情報などがあれば、相談しておきます。状況によっては、保護者に対して通院などの医療に関する同意を得ておくための書類の準備も必要です。

乳児については、一時保護所に受け入れる設備が整っていないところが多いため、委託一時保護で受け入れることが通例となっています。そのため、**「乳児院運営ハンドブック」**（厚生労働省、2014）によると、①子どもの安全を確保すること、②ケースのアセスメント（p. 18、pp. 92-93参照）を行うこと、③子どもや家族が抱えた課題の解決や乳児の健全な育ちを支えること、を目的として乳児院は受け入れる必要があると述べられています。

里親は、家庭で子どもを受け入れるため、規則や日課を設けているところはほとんどありませんが、最低限の家庭でのルールについて説明をしておく必要があります。その他、施設と共通する部分については同じく準備をしておかなくてはなりません。

最後に、新たに迎え入れられる子どもにとって最も重要なことは、施設か里親家庭のどちらであっても、温かい雰囲気で受け入れられることです。それによって、子どもがこれから生活していくにあたり、少しでも前向きな気持ちにつながるからです。

図2-4　子どもを迎え入れるにあたって

❸ 自立支援計画（ケアプラン）とは

施設や里親家庭などでは、何の計画もなく子どもとかかわっているのではありません。子どもを預かり育てていくうえで、きちんとした計画にもとづいて支援をしています。この計画を**自立支援計画**といいます。

この自立支援計画は、児童福祉施設の設備及び運営に関する基準によって、乳児院、母子生活支援施設、児童養護施設、児童心理治療施設、児童自立支援施設に策定が義務づけられています。

各施設に同基準で定められた目的があり、それを達成するための支援計画を作成しなければならないと規定されています。たとえば乳児院では、同基準第23条第１項で「乳児院における養育は、乳幼児の心身及び社会性の健全な発達を促進し、その人格の形成に資することとなるものでなければならない。」と定められています。

また、同基準第24条の２で「乳児院の長は、第23条第１項の目的を達成するため、入所中の個々の乳幼児について、乳幼児やその家庭の状況等を勘案して、その自立を支援するための計画を策定しなければならない。」と自立支援計画の策定が求められています。同じく福祉型障害児入所施設も、**入所支援計画**として支援計画の策定が義務づけられています。

里親については、児童相談所が自立支援計画を立てることになっています。

この自立支援計画ですが、2017（平成29）年に発表された「新しい社会的養育ビジョン」では、代替養育（家庭の代わりの養育）は、子どものニーズに応じた養育を行うためのプランと、ソーシャルワークにおけるプランが立てられるべきであり、**養育・支援計画**と**家庭復帰支援計画**とに分けて策定すべきだと指摘されています。

それを受けて、以前から自立支援計画を策定するために使用されていた「子ども自立支援計画ガイドライン」が改訂され、**子ども・若者ケアプラン（自立支援計画）ガイドライン**（2018）が作成されたのです。

その子ども・若者ケアプランガイドラインでは、養育・支援計画（プラン）と家庭復帰支援計画（プラン）の両方を合わせて、**ケアプラン**と呼ぶことにしています。

また、「養育・支援計画は児童相談所・里親やファミリーホーム、児童福祉施設が協働して、子どもの意見や保護者の思いを十分に聞き取って作成」します。一方、「家庭復帰支援計画はそれに加えて市区町村の福祉など地域で家庭を支援する機関が協働して作成するべきだ」とされています。

自立支援計画の策定方法については第７章に記していますが、自立支援計画も従来とは変わってきていることを念頭に置き、取り組む必要があります。

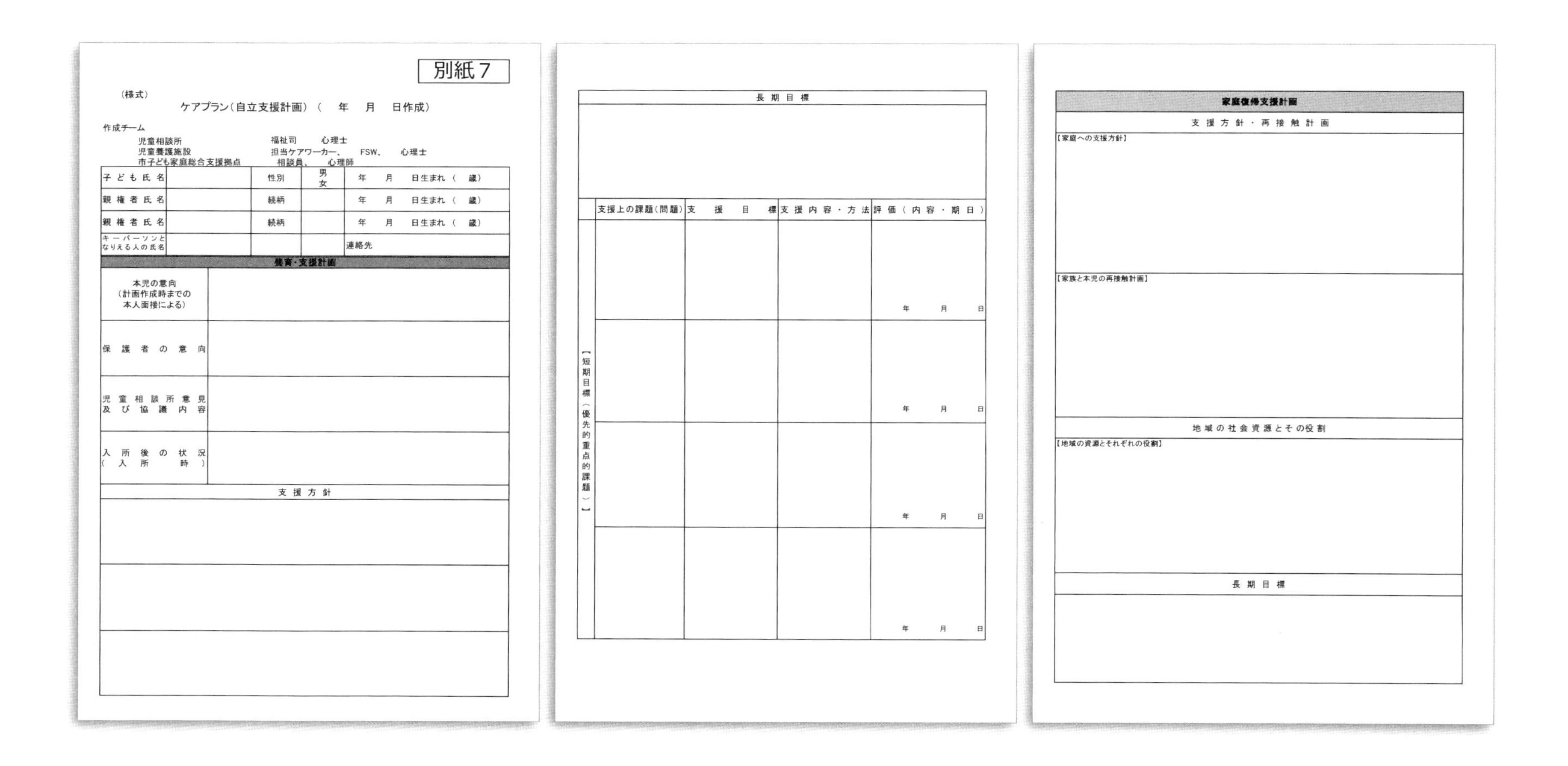

別紙７

（様式）

ケアプラン（自立支援計画）（　年　月　日作成）

作成チーム
児童相談所　福祉司　心理士
児童養護施設　担当ケアワーカー、FSW、心理士
市子ども家庭総合支援拠点　相談員、心理師

子ども氏名		性別	男 女	年　月　日生まれ（　歳）
親権者氏名		続柄		年　月　日生まれ（　歳）
親権者氏名		続柄		年　月　日生まれ（　歳）
キーパーソンとなりえる人の氏名				連絡先

養育・支援計画	
本児の意向（計画作成時までの本人面接による）	
保護者の意向	
児童相談所意見及び協議内容	
入所後の状況（入所時）	
支援方針	

長期目標				
	支援上の課題（問題）	支援目標	支援内容・方法	評価（内容・期日）
【短期目標（優先的重点的課題）】				年　月　日
				年　月　日
				年　月　日
				年　月　日

家庭復帰支援計画
支援方針・再接触計画
【家庭への支援方針】
【家族と本児の再接触計画】
地域の社会資源とその役割
【地域の資源とそれぞれの役割】
長期目標

図２-５　ケアプラン（自立支援計画）票

出典：厚生労働省「子ども・若者ケアプラン（自立支援計画）ガイドライン」別紙7

「アドミッションケア」について考えよう

清乃は小学校で行う健康診断の内診でアザが見つかりました。両親から虐待を受けていることがわかり、一時保護所で保護されることになりました。

❶

しばらく一時保護所で過ごしていると、今後は児童養護施設で生活することが決まったと伝えられました。

❷

清乃は不安になりました。

❸

そこで、児童福祉司が施設で暮らすことについて詳しく説明をしてくれました。

❹

さらに施設職員が一時保護所に来て、これからのことについて話をしてくれました。

❺

問題

①児童相談所の児童福祉司や児童養護施設の職員として、どのような点に留意しながら清乃に説明をしたらよいでしょうか。

②清乃を迎え入れるにあたって、施設がしておくべきことについて考えてみましょう。

解説

① 清乃の気持ちを多方面から考え、不安を軽減できるように留意する

清乃は虐待から逃れられた安心感がある反面、住み慣れた環境から離れて知らない場所での暮らしや人間関係を新たにはじめなければならない不安を抱えています。そのため、できるかぎり不安を軽減する説明が求められます。

基本的には、児童福祉司をはじめとした児童相談所の職員が、子どもの権利ノートを活用し、施設で暮らすうえで守られる権利などについて説明することになっています。具体的には、虐待を受けてきた清乃が施設での生活において、**権利を侵害されないこと**、つまり暴力や暴言から守られることや、病気になっても適切な手当てや治療が受けられることなどについて説明しなくてはなりません。

また、入所する施設が決まったら、その施設の職員がパンフレットなどを用いて、実際に施設で**生活する様子がわかる**ように施設の概要やさまざまなルールなどについて説明することも必要です。このような配慮をふまえて、少しでも不安を減らせるように努めなければなりません。しかし、実際に施設生活をはじめてみないとわからないこともあるかもしれません。そのため、説明したからすべて解決ということではなく、ここからが支援のはじまりと考えることも重要です。

---

② 施設への迎え入れにあたり、さまざまな準備をしておく

不安を抱えて施設に来る清乃を温かく迎え入れられるようにすることが大切です。

●施設で暮らす子どもへの周知

施設で暮らしている子どもが何も知らされていなければ、急に清乃が施設に来たら驚いてしまい、素気ない態度をとってしまう場合があるかもしれません。そのため、**事前に周知**しておくとともに、性格など清乃に関する可能なかぎりの丁寧な説明が望まれます。そうすることで、子どもが清乃を迎え入れやすくなるからです。

また、入所してから数日以内には歓迎会を企画するなど、ほかの子どもも楽しみにできるようにすると、互いにスムーズになじむことができるかもしれません。

●寝具や衣服、日用品、学用品などの準備

施設での暮らしは、子どもにとって日常の生活なので、ここで安心して暮らせるように配慮しておくことが大切です。そのため、これから生活するために必要な寝具などの物品を用意しておきます。自分の物を何も持ってこない（こられない）場合もあるため、何が必要かを事前に調べておくようにします。

●関係機関への連絡

たとえば、小学生の清乃が入所してくるにあたって、通うことになる小学校や教育委員会への連絡・手続きを事前に済ませておき、スムーズに通学できるようにするなど、関係機関への対応が必要です。

■引用文献

厚生労働省「新しい社会的養育ビジョン」2017年
厚生労働省「児童相談所運営指針」2021年、p. 83・91
厚生労働省「子ども・若者ケアプラン（自立支援計画）ガイドライン」別冊2a p. 8、別冊2d 別紙7、pp. 31-33
厚生労働省「乳児院運営ハンドブック」2014年、p. 28
厚生労働省「令和3年度　福祉行政報告例」2023年

■参考文献

橋本好市・原田旬哉編著『演習・保育と社会的養護実践』みらい、2019年
こども家庭庁HP「全国児童相談所一覧（令和5年4月1日現在）」2023年8月8日閲覧
厚生労働省「一時保護ガイドライン」2018年
厚生労働省「里親及びファミリーホーム養育指針」2012年
長瀬正子「全国の児童養護施設における『子どもの権利ノート』の現在」『佛教大学社会福祉学部論集 第12号』2016年、pp. 73-92
和田一郎編著『児童相談所一時保護所の子どもと支援――子どもへのケアから行政評価まで』明石書店、2016年

施設職員をめざすうえで求められること

みなさんのなかには、保育園やこども園などのほかに施設で働くことを志望している方や、関心をもっている方がいることでしょう。それは施設で働いていた私にとって、とてもうれしいことです。なぜなら、私が施設を退職して保育士養成校の教員になった理由の一つに、一人でも多くの学生を施設職員として導きたいという思いがあるからです。

しかし、施設で働くことは簡単ではありません。なかには虐待のように人間としての尊厳を踏みにじられた経験をしてきている子どもがいます。そのような境遇の子どものために何かをしたいという思いは、非常に大切です。ただし、施設で暮らす子どもにとって赤の他人である施設職員が、子どもから信頼を寄せてもらうことは簡単ではありません。子どもに話を聞いてもらえなかったり、子どもから暴言をぶつけられたり、無視されたりすることもあります。そのため、すぐには達成感を味わえるようなことは少ないかもしれません。

でも、あきらめないでほしいのです。私がかかわった子どもからは、「職員は仕事を辞めたければ辞められるからいいよな。自分たちは施設を退所したくても、自分たちの意思では施設を出ることはできないのに」と、子どもは施設を退所して家庭に戻りたくても、家庭に受け入れられる環境が整わなければ退所することができないという発言がありました。また、施設職員が子どもとの信頼関係を築くことは大変な苦労を伴いますが、それは子ども側からしても同じです。施設職員が入れ替わることは、子どもにとっても苦労が伴うということです。

さらに、施設で暮らす子どものなかには、保護者に見捨てられたような思いをもっている子どももいます。そのため、施設職員が退職をすることで、再び大人に見捨てられたという感情をもってしまう場合があります。子どもに「大人なんて信じられない」と大人への不信を抱かせないためにも、施設職員が子どもへのかかわりをあきらめず、少しでも長く子どもにかかわりつづける気持ちが施設職員をめざすうえで求められることだと思います。

最後に、施設では自分一人でなくほかの職員も働いています。そのため、時には職員同士の人間関係に悩むことがあるでしょう。しかし、それを上手に活用することで大きな力になります。相談に乗ってもらったり教えてもらったりと、自分にとっての助けになることもあるはずです。施設だからこそのチームワークを生かして、子どもへの支援に役立ててください。それが施設で働くことの良さでもあるのです。

第3章

インケア
日常生活支援・治療的支援

❶ 豊かな暮らしのために

1 安心で安全な生活って？

施設や里親家庭で暮らす子どもの多くは、何らかの虐待を受けてきた経験があります。虐待を受けた子どもは心身へのダメージによって、さまざまな不安や恐怖を抱いていることがあり、**心的外傷後ストレス障害**（PTSD）という心理治療や薬物療法などが必要な状況になることもあります。そこまで重症にはならない場合でも、何らかの影響は残ります。

そして、虐待を受けていない子どもであっても、たとえば親が亡くなる経験をした場合は、大切な人を失った悲しみや寂しさで苦しい思いを抱いています。

施設や里親家庭には、このような子どもが生活するための適切な環境を提供することが求められているのです。つまり、子どもが暴力や暴言にさらされないこと、生きるために必要な支援を受けること、意見を言えることなど、子どもの権利がしっかりと守られなければなりません。

また、それだけでなく、子どもの気持ちに寄り添い、親身になって話を聞いたり、身のまわりの世話をしたり、さまざまことを丁寧に教えたりする大人の存在やかかわりも欠かせないのです。

以上のような適切で必要なかかわりがある環境で子どもが過ごせることを、**安心で安全な生活**といえるでしょう。

2 衣食住

衣食住は子どもの生活において基本的なものですが、施設や里親家庭に来る前に暮らしていた家庭では、この基本的なものでさえ保障されていないことがあるのです。

たとえば**衣服**については、汚れていたり破れていたり、サイズが合っていなかったり、着たいものを選ぶことができなかったりすることがあります。

食事については、十分な量を食べさせてもらえなかったり、手作りのものを食べた経験が乏しく、ファーストフードやインスタント食品、市販の惣菜、冷凍食品などを食べていたりと、栄養面での課題があります。また、家族で食卓を囲んで食事をした経験がない場合もあります。

住居については、貧困などのため家がなく、路上や車中での生活を送っている場合や、住む家はあっても、ゴミなどが散乱した不衛生な環境で生活をしている場合があります。

そのため、施設や里親家庭で衣食住の環境が整った生活をすることは、当然提供されるべき生活を経験できなかった子どもにとって重要な支援なのです。

はてなから考える

なぜ日課が決められているの？

不適切な養育環境で、暮らしの基本である食事や睡眠が保障されていなかった子どもにとって、日課という一日のスケジュールを通じて**自分の生活を見通す**ことができる環境は非常に大事です。

つまり、食事や入浴、就寝といった最低限の日課を設定することは、子どもが「ご飯を食べることができる」「入浴することができる」「眠ることができる」といった機会を確保されていると実感することができ、それが安心につながるのです。また、生活習慣の確立や崩れた生活リズムを取り戻すことに大きな効果があります。

しかし、当然ながら、子どもの生活を管理することを目的とした、職員にとって都合のいい日課の設定は避けるべきです。

日課の概要例

時間	平日
7:00	起床
7:15	朝食
8:00	登校・登園
15:00	おやつ
	学習・宿題 自由時間
18:00	夕食
	入浴
22:00	就寝

3 学ぶ機会の保障

家庭における生活の乱れにより学校に通うことができなかったり、保護者から意図的に学校へ行かせてもらえなかったりした子どもは、基礎学力が身についていないことがあります。そのため、まずは学校に通うことを保障しなければなりません。

しかし、**学ぶ機会を保障**されても登校できない子どもがいます。それは、学習に対する不安を抱えている、友達とかかわる楽しさを知らない、学校の先生（大人）が怖い、などといった理由があるからです。そのような子どもには無理に学校へ行かせようとすることは、かえって逆効果となるため、子ども自身の気持ちをしっかりと考慮することが必要です。

一方で、一緒に暮らすほかの子どもが登校する様子を見たり、学校での発見や楽しそうな話を耳にしたりして学校に対して興味がわき、登校できるようになることもあります。

学習面については、学校に通うだけでは十分に補えない場合もあります。そのため、必要に応じて、学習塾や家庭教師などから学ぶ機会も検討するべきです。また、ボランティアによる学習支援を取り入れている場合もあります。このような経験は、さまざまな人々とかかわることになるため、子どもにとっては学習面以外の成長にもつながる機会となります。

4 習い事・余暇・行事

習い事は、子どもが経験を積む重要な機会です。場合によっては、習い事での経験が将来の仕事につながるかもしれません。

サッカークラブや野球チーム、スイミングクラブ、習字や絵画教室など、さまざまなものがあります。子どもが興味・関心のあるものや、逆に子どもが経験したことがないものへの参加をうながしてみることも、視野を広げるために有効となることがあります。いずれにしても、子どもにとって有意義な習い事になるように考える必要があります。

また、**余暇**は自由な時間をどのように使うのか考える機会になるだけでなく、将来のことを考えたり、友人などとかかわったりすることもできます。カラオケや映画鑑賞、買い物、読書などさまざまなことがあげられます。お金が必要になる場合は、自分のお小遣いを使うことによって、お金の使い方について学ぶ機会にもなります。さらに、アルバイトは社会経験やお金を得る学びにもなります。

行事も重要な役割があります。お正月や節分などは、文化を学ぶ機会になります。そして、旅行やキャンプ、誕生日会、入学式・卒業式などを通じて、楽しさを他者と共有したり、自分を祝ってくれる人や場所があることによって、特別な喜びを感じることもできるのです。このように行事はさまざまな経験を積むことになり、**生活をより豊かに**することができます。

ある日曜日。職員のふみは、中学生の珠世が施設で退屈そうにテレビを見ているのを見かけました。
ぼー…
珠世ちゃん、髪伸びてきたね。
中学生になったし、美容院デビューしてみるのはどう？
え？ 美容院？
珠世は、月に１回施設に来てくれるボランティアの理容師にしか、髪を切ってもらったことがありませんでした。
ぱっつーん
ヒマだし行ってみようかなー…
美容院はじめて来ちゃった…
ドキドキ…
MENU
そこで女性の美容師に髪を切ってもらい、いつもと違う雰囲気にとても感動しました。
どうかなー？
わーっ、とっても素敵！
この体験をきっかけに珠世は、将来、美容師になりたいと思いはじめました。
ただいま。私、美容師をめざしてみようかな…！

図３-１　余暇の大切さ

さらに学びを深めよう

性教育について

近年、インターネットの普及に伴って、世の中で性に関する情報が氾濫しています。そして、子どもが簡単にそのような情報を目にすることができるため、性に対して誤ったとらえ方をしてしまうことなどが社会の問題となっています。

施設や里親家庭には、性的虐待などの性被害を経験している子どもがいますが、氾濫する性情報に接してゆがんだ知識を得てしまい、それが刺激となって行動に表れ、子ども同士で性器をさわり合ったり、興味本位で性交をしたりといった問題が生じることがあります。場合によっては、これらが暴力や暴言などの威圧により無理やり行われることもあります。

大切なのは、子どもが氾濫する情報からではなく、正しく性を学ぶ機会を保障することです。性教育には性交や避妊、妊娠、中絶といったものがイメージされがちですが、広い意味でとらえると、「自分を大切にする」「自分らしく」といった自己肯定感や、「生い立ちを知る」といった自己認識、「他者を大切にする」といった他者への思いやりとかかわり方、大切な相手とのパートナーシップのあり方など、生きていくこと全般を学ぶものです。つまり、性教育は自立への支援ともいえます。

性に関する情報

施設内での性問題

性教育での学びは、大人となり、性的な場面に遭遇した際に適切な選択ができる力になります。この力をつけるための前提として、親などの養育者から「愛された」経験が重要です。この経験はありのままの自分を受け入れてもらうことなので、自己肯定感を育むうえでの基礎となります。

施設や里親家庭にいる子どもは、この部分の経験が十分にできていないということを意識しておかなければなりません。この部分を軽視して性交や妊娠、避妊、中絶といった性教育を行うと、「避妊すれば性交はしてもいい」といった安易な認識をもたせてしまう可能性があります。また、他者を大切にすることができず、性問題を起こしてしまうことも考えられます。

施設や里親家庭などで行う性教育では、「**生教育**＝生きるための教育（自分を肯定的にとらえる）」、「**生共育**＝共に生きることを育む（他者とうまくやっていく関係）」、「**性共育**＝豊かな性的関係を育む（愛する人との性的関係）」をふまえることが重要でしょう。

以上のような性教育を実践していくと、子どもは施設職員や里親に大切にされていると感じ、自己肯定感が育ち、他者を大切にすることができるようになるのです。

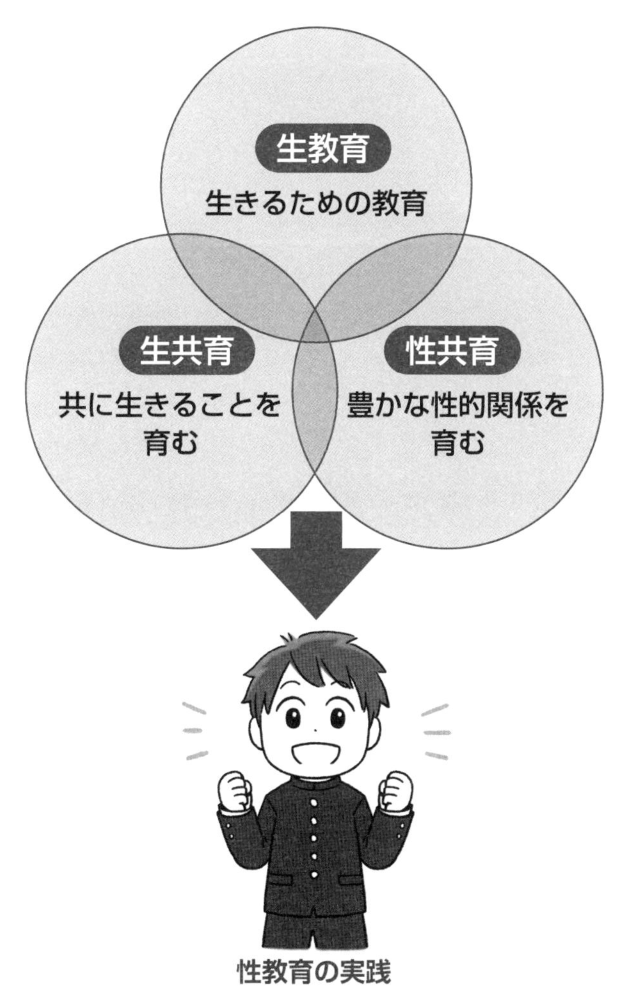

性教育の実践

❷ 治療的支援

1 心のケア

施設に入所する子どもの多くは虐待を受けた経験があるので、心のケアが必要です。そのため施設には、**心理療法担当職員**が配置されており、施設内で心理療法を受けることができます。

里親やファミリーホームに委託された子どもは、児童相談所や児童家庭支援センターに通所して**心理療法**を受けることがあります。また、**里親訪問等支援事業**の一つとして、**心理訪問支援員**が里親宅を訪問し、心理面でのケアを受けることも可能です。

さらに、虐待などで受けた心の傷の深さから情緒が安定せず、生活が落ち着かない子どもの場合には、医療機関に通院し医師による診察のうえ、薬を処方してもらうこともあります（**薬物療法**）。これは、薬によって気持ちを落ち着かせる効果が得られます。

施設のなかで心理療法担当職員が行う心理療法には、一般的に**カウンセリング**、**遊戯療法（プレイセラピー）**、箱庭療法、絵画療法などの種類があり、子どもの心理療法では、遊びを通して自分の気持ちを表現する遊戯療法（プレイセラピー）がよく行われます。

これは気持ちを言葉で上手に表現することが難しいためです。大人の場合、何かストレスになるような出来事があれば、話をする、話を聞いてもらうという体験のなかで、少しずつ癒やされ元気になっていきます。しかし、言葉で表現することが十分できない子どもの場合は、怖かったり、つらかったりした気持ちを心のなかで抱えていることがあります。

そうした子どもの特性を配慮したうえで、心理療法担当職員は子どもの遊び（ごっこ遊びやお絵描きなど）を通して行動や表現を見守りながら、内面の理解を深めて心のケアを行っていきます。

心理療法は、1～2週間に1回50分程度で実施されます。子どもと心理療法担当職員が一対一で、**プレイルーム**や**カウンセリングルーム**と呼ばれる心理療法専用の部屋で行います。プレイルームには、人形やおもちゃ（ドールハウス、赤ちゃん人形、哺乳瓶、家族人形、救急車など）が用意されています。子どもはこのようなおもちゃを用いて、**トラウマ**（心の傷）となった体験を表現することがあります。

たとえば、お父さん人形が子どもの人形を叩くなど、子どもが実際に家庭で受けた虐待体験を再現していることがあります。過去の体験を思い出し、再現するという過程は大変つらいものですが、言葉にできない体験を遊びのなかで再現し表出していくことで、過去の体験が整理され、トラウマとなった出来事を徐々に風化させること（記憶が薄れていくこと）ができるようになるのです。

このように心理療法では、子どもの遊びを注意深く見守り、子どもが安心して表現できるようにしています。

プレイルーム
明美ちゃん、こんにちは。
待ってたよ！
こんにちは！
では、50 分後に
お迎えに来ます
明美
心理療法担当職員
保育士
ねんねさせるの一？
うん！
50 分後
お迎えに来ました
はい
次はいつ
ここに来るの？
来週も今日と同じで
火曜日 4 時だよ。
またここで待ってるね

図 3-2　心理療法の実際

2 日々のかかわりによる信頼関係の構築（日常生活場面での支援）

日々の生活にかかわる**直接支援職員**（保育士、児童指導員など）や里親による支援は、子どもとの関係を構築するうえで欠かせないものです。子どもが抱えるさまざまな課題に対して、直接支援職員や里親が一緒に向き合って乗り越えていくことは、今後の子どもの成長を支える支援として重要です。

施設や里親家庭で暮らす子どものなかには、過去のさまざまな体験から大人との信頼関係を築けていない子どもが多いです。とくに重度の虐待を受けてきた場合、“自分は生まれてこなければよかった”という自己否定的な思いや、“どうせ私（僕）なんか何をしてもダメな人間だ”といった**自己肯定感**が低下している子どももいます。

そのような複雑な思いから情緒が安定せず、生活のなかでさまざまなトラブル（激しい破壊行動、暴言、暴力など）を起こすことがあります。このような子どもの行動の背景は、心の葛藤を上手に表現できなかったり、自分の気持ちをコントロールできずバランスが乱れている状態であったりするなど、不安の表れであると理解することができます。

直接支援職員や里親は、そうした子どもの行動を理解しつつも、衣食住をともにし、日々起こる出来事に向き合うことを丁寧に重ね、少しずつ信頼関係を構築していきます。

子どもの何気ない仕草や態度に「どうしたの」「何かあったのかな」と声をかけたり、やり場のない複雑な気持ちをどのように整理したらいいのかを一緒に考えたりするなかで、時間をかけて子どもとの関係性を深めていくのです。

そして、直接支援職員や里親は子どもに“自分はここにいていいんだ”“自分は大事にされている”という気持ちが芽生えて、安心して生活してくれることを願いながら、子どもと向き合っています。

こうした日々のかかわりを通して大人との関係が築かれてくると、入浴中や食事中などの安らいだ場面で、自分の虐待体験など過去の出来事を直接支援職員や里親などに話しはじめる子どもがいます。過酷な体験を生活のなかで思い出し、さらに他者に話すのはとても苦しいものです。

しかし、体験を話すことができるというのは、心の傷が少しずつ癒やされていく過程ともいえます。このような場面で、直接支援職員や里親が子どもの語りに耳を傾け、気持ちを受けとめることで、子どもが落ち着いていくことはよくあります。

このように、安心で安全な大人との日々のかかわりは、人を信頼することにつながります。また、子どもは過去の過酷な体験や生い立ち、今の自分の置かれている状況に向き合い、乗り越えていく力をつけていくのです。

さらに学びを深めよう

生活場面面接

施設の子どもの多くには被虐待経験があり、心の傷を抱えている子どもがたくさんいます。そのため、施設では心のケアとして心理療法担当職員による心理療法を行っています。心理療法というと一対一の個別面接のイメージが強いと思いますが、**生活場面面接**とは、生活そのものを治療の場と考え、生活のなかで起こった出来事を直接支援職員がその瞬間に取り上げて、子どもと話し合っていく方法をいいます。

生活場面面接では、日常生活場面で起こるトラブルへの対応や、過去のトラウマ体験を生活で表出したその瞬間や場面に、どう治療的にかかわっていくかが重要になります。

演習 CASE 3 児童心理治療施設における心理療法と日常生活支援について考えよう

やす子（小３）は、重度の身体的虐待と心理的虐待が理由で、児童心理治療施設へ入所してきました。

入所して間もないころから、職員やほかの子どもへの暴言・暴力などトラブルが絶えませんでした。

トラブルが起きたときには、まずは直接支援職員が直接、話を聞きます。

その後、心理療法担当職員が面接をし、高ぶった感情を落ち着かせる具体的な方法について話し合います。

そして、職員が集まってやす子に暴言や暴力が出たときの対応を検討します。

また、職員がやす子の通う学校と情報を共有します。

さらに家族との治療協力、地域関係機関との連携に加え、医学・心理治療、生活指導、学校教育を柱として、環境全体でやす子を支えていく治療を行っています。

学校教育

生活指導

家族との治療協力

医学・心理治療

地域関係機関との連携

問題

① やす子の「日々の暴力や暴言が絶えない」という言動の背景には、どういったものが考えられるでしょうか。やす子が重度の身体的虐待や心理的虐待を受けていたことをふまえて考えてみましょう。

② 児童心理治療施設でよく取り入れられている「総合環境療法」という支援方法について、インターネット・書籍などで調べてみましょう。

③ 医師、心理療法担当職員、直接支援職員（保育士や児童指導員）、学校の教員など他職種が協働して支援を行う際に大事なことは何でしょう。

解説

① 子どもの育ってきた環境や背景から考える

やす子が重度の身体的虐待と心理的虐待を理由に入所していることを考えると、幼少期からの不適切な養育環境により、やす子には**人への基本的信頼感や安心感が十分に育っておらず**、愛着形成に課題があることが推測できます。また、度重なる暴力や暴言を振るわれてきたということは、やす子の人格そのものさえ否定されてきた可能性も高いといえるでしょう。

このように、やす子は「自分を大事にされた経験」「無条件に愛された経験」が乏しいために、施設入所後は、とくに身近にいる大人に対して人一倍 **“愛されたい”“認められたい”という承認欲求**を強くもっていると考えられます。

しかし、心ではそのように願いながらも、たくさんの傷ついた過去の体験から、“どうせ自分は何をしても愛される存在ではない”“自分はダメな人間だ”といった、自分ではコントロールできないような複雑な心の葛藤を抱えています。そのどうしようもない、どこにもぶつけようがない不安な気持ちが、身近な大人に対する激しい攻撃的な行動（暴言、暴力など）として表出していると考えられます。

このようなやす子の心理的背景をよく理解することが、今後の支援を考えるうえで大切になってきます。重度の被虐待経験という育ちの背景が子どもの言動に及ぼす影響はとても大きいといえるのです。

② 生活そのものが治療の場

児童心理治療施設では、施設内で行うすべての活動やかかわりが「治療」であるととらえ、環境全体で子どもの成長・発達に働きかける総合的な治療・支援をする**総合環境療法**を行っています。

具体的には、医師や心理療法担当職員による「医学・心理治療」、直接支援職員などによる「生活指導」、学校における「学校教育」を中心に、「家族との治療協力」「地域の関係機関との連携」などを合わせて、総合的に支援していく方法をいいます。

以下の書籍やインターネットサイトなどの資料を参考にしてみましょう。

■滝川一廣・髙田治・谷村雅子・全国情緒障害児短期治療施設協議会編『子どもの心をはぐくむ生活――児童心理治療施設の総合環境療法』東京大学出版会、2016年

■全国児童心理治療施設協議会「児童心理治療施設ネットワーク」HP
http://zenjishin.org/jotan.html

■社会的養護第三者評価等推進研究会監修、情緒障害児短期治療施設運営ハンドブック編集委員会編集「情緒障害児短期治療施設（児童心理治療施設）運営ハンドブック」厚生労働省、2014年

---

③ 自分と他職種の強みを理解し、チームで対応を

他職種の強みを理解することで、子どもにより適切な支援を行うことができます。多くの職種がかかわる際には、それぞれが自分の役割は何か、自分の強みは何かを知っておくこと、そして**自分のできること・できないこと**をよく理解しておくことが大事になります。

他職種それぞれの役割や強みを確認しつつ、日頃から細やかに連携しておくことで、子どもの些細な変化に気づき、子どもの状態に合わせた柔軟な対応が行えます。

ただ、職種が多くなると、情報の共有や出来事の確認が難しくなる場合もあるため、日頃のやり取りを含め、コミュニケーションをしっかりとっておくことが重要になります。どのように情報を共有し、伝達するのかをチーム内でよく検討しておきます。

また、何か困ったときには**一人で抱え込まず、チームとして対応**していくことが大切です。大変さや困難さをチーム全体でカバーすることができるため、職員も子どもも傷つきや**バーンアウト**（燃え尽き）から守られます。

虐待や不適切な養育など、日々の生活が脅かされてきた子どもにとって、職員の一貫性のある支援（ぶれない支援）、信頼できる大人の存在、安心・安全な環境（ホッとできる場所）は必要不可欠なのです。

演習 CASE 4 児童自立支援施設における、小舎夫婦制と枠のある生活による「育て直し」の支援について考えよう

深夜徘徊やけんかなどの不良行為をしていた幸助（13歳）は、児童相談所に保護され、児童自立支援施設に措置されました。

幸助が入所した施設の寮には、吉永望（寮長）と妻の美玖（寮母）が子どもたちと一緒に住んでいます（小舎夫婦制）。

寮ではほかの子どもとともに規則正しい生活を送らなければなりません。

学校は施設の敷地内にある中学校に通います。

学校以外の時間は、野球の練習をしたり畑仕事をしたりと、日課に沿って暮らしています。

そして、基本的に自由に外出はできません。

しかし、吉永夫妻がつねにそばにいて、話を聞いてくれたり、勉強を教えてくれたりして、一緒に暮らしています。

問題

① この施設のように、規則正しかったり、自由に外出ができなかったりする生活を送る理由について考えてみましょう。

② 幸助はこの施設での生活をどのようにとらえているかを考えてみましょう。

③ 小舎夫婦制を採用する意義は何でしょうか。また、あなた自身はこのような小舎夫婦制の施設で働くことについて、どのように考えますか。

解説

① 枠のある規則正しい生活は、「立て直し」の第一歩

幸助は、施設に入所する前は深夜徘徊やけんかをするなど、不規則な生活をしていました。幸助に限らず、児童自立支援施設に入所してくる割合が多い非行傾向の子どもは、おそらく不規則な生活をしてきた可能性が高いでしょう。そのため、まずは**朝起きて、日中活動し、夜には寝るという本来の子どもの生活**に立て直す必要があります。このような生活を通して非行仲間との交流を避けたり、充実した日々を感じたりして、心身ともに子どもを健全に成長させるのです。

---

② 窮屈なだけではない

幸助にとっては、このような生活が心地よいと感じるかもしれません。それは、幸助が深夜徘徊をしていたことを考えると、家族からのかかわりが乏しかった可能性があるためです。たとえば、幸助は母子家庭で、生活をしていくために母は働き詰めでほとんど家にいないかったのかもしれません。それで、不良仲間と一緒に深夜徘徊などをすることで寂しさを紛らわしていたとも考えられます。

とはいえ、この施設での生活では、日課が決まっていたり自由に外出できないなど、少し窮屈な生活と思っているかもしれません。しかし、ほかの子どもや寮長、寮母との集団生活は、入所前の生活と比べると、**つねに誰かが近くにいてにぎやかなため、幸助は寂しさを感じることなく過ごせている**ということも考えられるでしょう。

---

③「育て直し」に対する意義を考える

児童自立支援施設で暮らす子どもの多くは、虐待を受けた経験があります。つまり、親からの適切な養育を受けられていない子どもがいるのです。そのため小舎夫婦制は、夫婦で子どもと一緒に暮らし、家庭の雰囲気を作りながら、支援をしています。話し相手になったり、勉強を教えたりとそばにいて一緒に過ごすなかで、子どもが経験してこなかった**大人とのかかわりによって、「育て直し」**をしているのです。

しかし、職員が自分たちの生活の大部分を子どもへの支援に捧げるこの体制は、**担い手が減少**しています。この施設の子どもにとっては意義のある体制ですが、職員の子どもも一緒に施設で暮らすといった体制を続けていくためには、家族の理解を得ることや職員自身のプライベートな時間を十分に確保し、ストレスを解消することなどが課題となってきます。

演習 CASE 5 児童養護施設における「衣食住」の支援について考えよう

浩市は、両親から日常的に虐待を受けていました。洋服を洗濯してもらえず、１週間同じ服を着ていることもありました。そのため、夏場などは洋服から嫌な臭いがしていました。

❶

花子は、母と二人で暮らしていました。母はいつも仕事で忙しく、ほとんど家にいないので、食事はファーストフードやインスタントラーメンなどを買って食べていました。

❷

三平は、父と二人で暮らしていましたが、父は家事をほとんどしませんでした。そのため、家の中はゴミが散乱して、足の踏み場もない状態でした。

❸

問題

① 浩市のような状況の子どもを含めて、児童養護施設ではどのような「衣」に関する支援が必要か考えてみましょう。

② 花子のような状況の子どもを含めて、児童養護施設ではどのような「食」に関する支援が必要か考えてみましょう。

③ 三平のような状況の子どもを含めて、児童養護施設ではどのような「住」に関する支援が必要か考えてみましょう。

解説

①「衣」に関する支援

浩市のように服を洗濯してもらえなかった子どもがいるため、きちんと洗濯をした清潔な服を用意しなければなりません。ほかにも新しい服を買ってもらえず、古くなった服や小さくなった服を着ていた子どももいるため、子どもの**体のサイズに合った服**を提供する必要があります。

また、乳幼児に関しては、一日中おむつを交換してもらえずに過ごしていた子どもがいるため、**おむつを着用している場合は、こまめに交換**しなければなりません。以上のことをふまえて、子どもの衣服に関しては、つねに気を配ることが重要なのです。

②「食」に関する支援

花子のようなファーストフードやインスタントラーメン中心の食生活をしている子どもは、生活習慣病になる危険性もあります。そのため施設では栄養士が配置されており、栄養面を考えた献立が作成され、それに従って調理員をはじめとする職員が食事を作ります。

入所当初は偏食が多い場合もありますが、手作りで栄養のある温かな食事を通して、**本来の食事の美味しさを感じて**偏食がなくなっていく子どももいます。朝・昼・夕の３食がきちんと提供されることも大切です。

そして、花子のように一人寂しく食事をしていた場合もあるため、職員やほかの子どもと一緒に楽しく会話をしながら**団らん**することも大切な支援です。**雰囲気の違いによって、食事の楽しさや美味しさも変わってくる**ものです。

③「住」に関する支援

三平のように、ゴミが散乱しているような不衛生な環境で育ってきた子どもは、そのような環境に違和感を覚えないことがあります。そのため、きれいに掃除され、整理整頓された部屋で過ごすことで、**心地よさを体験できるように、環境を整備**する必要があります。

また、路上や車中での生活を送ってきた子どもも含め、身体を清潔にするために入浴できる環境も重要です。さらに、きれいで温かい布団で眠ることができるようにすることも欠かせません。これらの環境を整えるために、掃除や片づけといった支援は大切なのです。

以上のような衣食住の支援は、当然提供されるべき生活が保障されてこなかった子どもにとって重要なものです。そのため、施設での実習で洗濯や掃除、食事の準備などを行う際は、これらを**雑用ととらえず、必要な支援の一環を担っていると考えて取り組みましょう。**

演習 CASE 6 乳児院のインケアを考えよう

好子の父が母へ DV を行っていたため、好子は保護され、乳児院に入所してきました。

好子が２歳になるころ、何か気に入らないと周囲の子どもをひっかく・噛みつく・叩くといった行為が現れました。

しかし、お風呂が好きなようで、入浴時には笑顔が見られます。

また、ウサギのキャラクターがお気に入りで、絵本などでそのキャラクターを見つけると声を出して反応します。

一方、楽しみにしている食事の最中でも、男性職員の姿を見ると食べられなくなってしまいます。

このような好子への対応について、施設の職員で話し合いました。

問題

① 好子はどのような子どもなのか、性格や特徴などについて考えてみましょう。

② ①をふまえて、好子にはどのような支援が必要か考えてみましょう。

解説

① 子どもをしっかりと理解・把握すること

好子は気に入らないことがあると他児に対して、ひっかきや噛みつき、叩くといった行為が見られます。この年齢の子どもにはよくあることですが、やや他者への攻撃的な一面があると言えるのかもしれません。

一方で、お風呂やウサギのキャラクターが好きといった、かわいらしい姿も見られます。しかし、大好きな食事が中断してしまうほど、男性への苦手意識や怖さを感じている様子が見られます。

---

② 長所（プラス面）に目を向けることが大切

子どもを支援していくうえで重要なことの一つは、子どもの長所（プラス面）に目を向けることです。**子どもの課題ばかりを見ていると、「この子は大変だ」「なんとかして悪いところを直さないといけない」という気持ちになりやすくなります。**

このケースで言うと、好子は他児に対して攻撃的で、場合によってはけがをさせてしまうかもしれません。そうすると、けがをした子どもの保護者への説明や謝罪といった対応が必要になる場合があります。そのようなことを考えると、職員は「やっかいな子」「面倒を起こす子」というようにとらえてしまい、好子に対してマイナスイメージを抱くことにつながる可能性があります。また、男性への苦手意識があることで、男性職員が「かかわりづらい子」ととらえてしまうと、男性職員はかかわり方を改善する意欲を失うかもしれません。

これでは好子への支援は成り立ちません。そこで、たとえばお風呂が大好きな点に着目してみると、もしかしたら、ただ単にお風呂が好きということではなくて、大人と一緒に入浴し、肌を触れ合うことによって、心地よさや安らぎを感じているのかもしれません。それは言いかえれば、大人へのかかわりを求めているという見方もできるわけです。それなら、もっとさまざまな場面で職員のかかわりを試してみれば、安心することが増えるかもしれません。

さらに、ウサギのキャラクターが好きなので、そのキャラクターの絵本を読み聞かせたり、壁面を作って飾ったりすれば、好子が楽しく過ごせる時間を増やすことができるかもしれません。

これらの対応によって、好子の気持ちが安定し、他児への攻撃的な面も収まるかもしれないということです。

施設に入所する子どもの背景には、さまざまな課題があります。それらを子どもの責任として**マイナス評価をするのではなく、長所（プラス面）に着目しましょう。そして、それを生かした支援をすることで、課題の改善につながる場合がある**という認識を持つべきです。

■参考文献

相澤仁・相澤孝予・徳永健介・徳永祥子・大原天青「児童自立支援施設における「生活場面面接」プログラムの作成と職員研修の効果」公益財団法人日工組社会安全研究財団 2016年度一般研究助成 研究報告書、2017年

エリアナ・ギル著、西澤哲（訳）『虐待を受けた子どものプレイセラピー』誠信書房、1997年

原田旬哉・杉山宗尚編著『図解で学ぶ保育　社会的養護Ⅰ』2018年、萌文書林

橋本好市・原田旬哉編著『演習・保育と社会的養護実践』みらい、2019年

厚生労働省「児童養護施設入所児童等調査の結果（平成30年2月1日現在）」2020年

西田篤「多職種協働のチームアプローチで支え合う――ある「情緒障害児短期治療施設」での実践から」『世界の児童と母性』VOL. 74、公益財団法人資生堂社会福祉事業財団、2013年、pp. 54-58

全国児童心理治療施設協議会HP「児童心理治療施設ネットワーク」2021年4月14日閲覧

“命の大切さ”と“人生の大切さ”

2020年10月に一時保護中の子どもが自ら命を絶つといった衝撃的なニュースがありました。このケースは半年以上、一時保護された状態であり、その間に子どもと母親は何度も親子の面会を希望していましたが、児童相談所は「心理面での影響が心配される」との理由から面会を認めなかったというものでした。

私が児童養護施設職員として日々子どもと接していたときには、子どもの親への想いに直面する場面が多くありました。それは肯定的なものから否定的なものまでさまざまで、複雑な思いを抱えていると感じました。

子どもが施設や里親家庭で暮らすことを希望することは少なく、多くはそこでの生活に納得できていません。また、乳幼児のころより施設や里親家庭で暮らしている場合、親と離れて暮らすに至った理由を知らないことがあります。まったく親からの連絡がない子どもであれば、「なぜ施設で暮らしているのか」「なぜ親は自分に会いにきてくれないのか」といった思いを抱えていることもあります。思春期のころになると、自分が置かれているさまざまな状況がわかってくるため、このような感情はもっと大きくなります。現在では、子どもの知る権利を保障していくことが重要であり、「ライフストーリーワーク」などで生い立ちについて理解する機会を提供することが増えてきています。

私も生い立ちやなぜ施設で暮らすことになったのかという理由について、多くの子どもに伝えてきましたが、そのなかで「要らないなら産まなければよかったのに」「堕ろす（中絶する）ことだってできたのではないか」「産むだけで育てないのなら意味がない」といった自分の存在を否定するような発言を聞くことが多々ありました。そのたびに私はかけてあげる言葉を失っていました。このような発言を聞くたびに、「人生」と「命」は同じくらい大切なものであることを痛感します。そして、人生に不可欠なものとして「愛される経験」があります。とくに重要なのは親からの愛情であり、多くの子どもが求めるものです。

現在、社会的養護においては、施設から里親へという枠組み（生活する場所）の検討が進められていますが、子どもが望んでいるのは、「親と一緒に暮らせること」です。施設で暮らす子どもに里親家庭での生活を提案したことが数回ありますが、その子ども全員が「親と暮らせないのなら施設でいい」という意思表示をしました。

これらのことから、命が大切なことと同時に、単に命を救うだけではなく、救われたその後の人生についても同じくらい大切だと考えておく必要があります。

社会的養護での支援において必要な視点は枠組みの議論ではなく、「どうすれば子どもが幸せを感じられる人生を送ることができるのか」を子どもと一緒に考えていくことが大切なのではないでしょうか。

第4章

リービングケア
自立支援

❶ 社会への巣立ち

1 施設や里親からの自立

以前は施設や里親家庭にいる子どもが家庭に戻ることができない場合、就職や大学などへの進学を機に社会へ巣立っていくことになっていました。児童福祉法の対象が18歳未満ということもあり、施設や里親家庭で暮らす子どもも18歳（高校卒業まで）までは施設や里親家庭で暮らし、その後は「就職自立」や「進学自立」となっていたのです。

しかし、それでは不十分ということもあり、段階的に20歳まで措置延長が可能となりました。その後、2017（平成29）年に**社会的養護自立支援事業**によって「22歳に達する日の属する年度の末日まで」、個々の状況に応じて引き続き必要な支援を受けることができるようになりました。

とはいえ、これでも十分とは言えず、さらに2022（令和4）年の改正児童福祉法により年齢制限が撤廃されました。

施設などの保護を離れた子どもを「ケアリーバー（care leaver)」と呼びます。これらの子どもは親に頼ることが難しく、生活困窮や進路先でのトラブル、孤立といった問題を抱えてしまうことがあります。このような状況を改善するために年齢制限が撤廃されたのです。また、施設等を出たあとも相談ができる拠点の整備にも取り組むことになりました。

子どもの自立は、ある日突然、何かの区切りによって達成するものではなく、一定の時間が必要となります。たとえば、一般的な家庭の場合、子どもが「家を出て一人暮らしをする」といった状況は自立の第一歩にすぎず、最初は多くのサポートを受けながら徐々に物理面・精神面で親との距離が離れていくことで自立というものは達成されていくのです。

児童相談所等

①支援コーディネーターの配置と支援（全体を統括）

＊児童の措置（委託）解除前に支援担当者会議を開催し、解除後の生活などを考慮した継続支援計画を作成。
＊関係機関と連携しながら、生活状況の変化などに応じて計画を見直す。

民間団体への委託等

②生活相談支援担当職員（生活相談支援）

＊居住、家庭、交友関係・将来への不安などに関する生活上の相談支援をする。
＊対象者が気軽に集まる場を提供するなどの自助グループ活動を育成支援する。

③就労相談支援担当職員（就労相談支援）

＊雇用先となる職場の開拓や、就職面接などのアドバイス。
＊事業主からの相談対応を含む修飾語のフォローアップ。
など

④嘱託医等（医療連携支援）

＊嘱託医等と契約するなど、医療的な支援が必要な者に対する支援を行う。

⑤弁護士等（法律相談支援）

＊弁護士等と契約し、法律相談が必要となるケース（金銭・契約トラブル等）への対応を行う。

対象者の状況に応じて必要な支援を実施

措置解除

22歳の年度末以降も支援可

家庭復帰または自立した児童

＊家庭復帰・自立した者の家賃・生活費は、「自立支援金貸付事業」の活用が可能。

引き続き施設等に居住する児童

⑥住居費支援（里親・施設の住居費等を支援）
⑦生活費支援（大学進学者等の生活費を支援）
⑧学習費等支援（進学希望者の学習塾費等を支援）

＊措置（委託）解除後もとくに支援の必要性が高く、施設等に居住する場合、措置費に準じて居住費等を支給。

措置費による自立支援

- 進学・就職等の自立支援や退所後のアフターケアを担う職員を配置し、退所前後の自立に向けた支援を拡充
- 就職の際に必要な被服費等や大学進学等の際に必要な学用品等の購入費等の支援

図４－１　社会的養護自立支援事業について

出典：こども家庭庁、2023 を一部改変

2 自立に必要なスキル

家庭で育てられることによって、子どもはさまざまな経験から多くのことを自然に身につけていきます。しかし、施設でも家庭と同じ経験をするかといえば、そうでもありません。たとえば、家庭では家族でスーパーに出かけて食材を購入する、ということはよくあります。そして、購入した食材はキッチンで調理され、食卓に並びます。このような調理過程も子どもは近くで目にします。

それに対し施設では、食材については業者から直接施設に搬入されることが多く、子どもが食材を買いに行く機会は少ないです。さらに施設によっては、キッチンとは別に調理場があって、調理員が大人数の食事を作り、それを分けて配膳するというところもあるのです。そうすると、食材を調理する場面を近くで見ることがない場合もあります。

このように、家庭では意識されずに当たり前に行われていることが、施設では経験できないということがあるのです。そのため、施設では逆に意識をして、経験する機会を設ける必要があります。

また、自立の視点から見ると、住民異動などによる行政機関への届け出や、年金や医療保険など社会保険に関する理解、金銭管理など自分でしなければならないことが多いので、細かなところまで理解できるような支援が求められます。

3 契約について

私たちの暮らしは、さまざまな**契約**により成り立っています。たとえば、就労するのは「雇用契約」、物品を購入するのは「売買契約」、家を借りるのは「賃貸借契約」などがあります。契約とは相手との約束なので、「仕事を無断で休む」「代金を払わない」「家賃を滞納する」といったように約束を守らなければ、契約を解除されてしまう可能性があります。しかし、私たちは普段何気なく暮らしているため、契約について意識することは少ないのではないでしょうか。

また、未成年は**親権**で守られているため、親権者の同意がなく本人だけで勝手に契約することはできません。万一、契約をしてしまった場合でも契約を取り消すことが可能です。

施設や里親家庭で暮らしている子どもは、自立をして一人で暮らすようになることが多く、契約について理解をしておかなければ、多額の借金を抱えたり、安易に連帯保証人になったり、悪質なローンや詐欺などの被害にあったり、気づかないうちに犯罪に加担していたりする危険性もあります。

施設や里親家庭から巣立った子どもの場合、遠慮やためらいなどから施設職員や里親へ相談できずに、契約などでトラブルに発展する可能性があります。そのため、リービングケアでは契約などを学ぶ機会が必要になります。

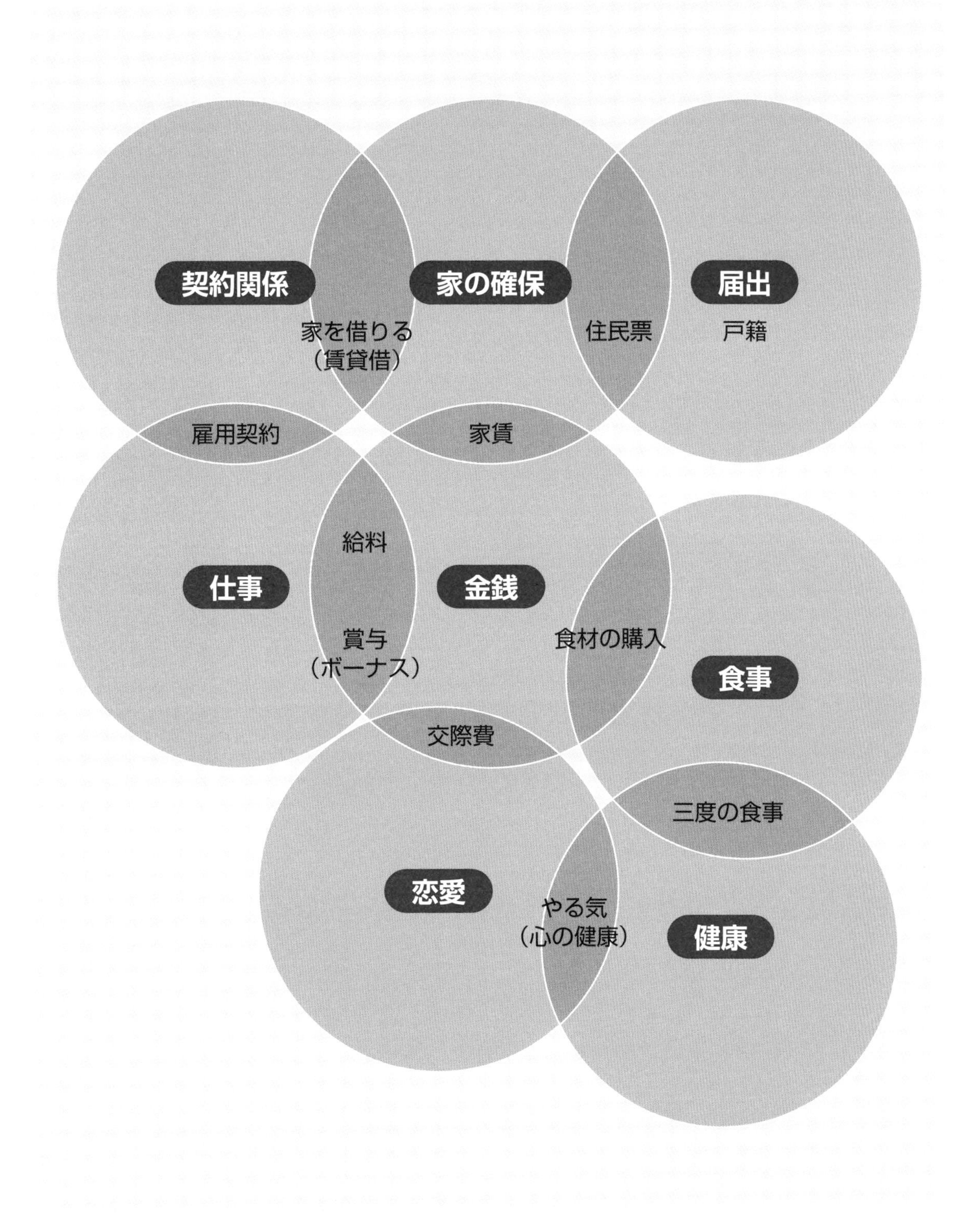

出典：林恵子、2010 をもとに筆者作成

図 4-2　巣立ちに必要な暮らしの相関図

❷ 生い立ちの理解

1 生い立ちを知るための支援

施設や里親家庭で暮らす子どものなかには、母子手帳や写真などの記録、幼少期の記憶がほとんどないといった子どもがいます。自分がどのような親から生まれ、どのような家で暮らしていたのかというような、ずっと家庭で暮らしている人にとっては当然にあるはずの記録や記憶がないことがあるのです。

自分が生まれてきた状況（出自）などを知らないまま成長することは、自立へと向かっていく途中で、自分自身の存在がわからなくなるといった混乱を生むことがあります。このような混乱は思春期によく起こります。思春期は第二次反抗期ともいわれ、「親から自立したい」と思う反抗心から生じるものですが、親の存在も幼少期の自分もわからないので混乱してしまうのです。そのため、自立支援として「**生い立ち**を知り、整理する」といったことが必要になります。

子どもによっては、親が誰かわからない、遺棄された（捨てられた）、母親が性被害を受けた結果として生まれた、などの過酷な状況もあり得ます。そのようななか、実際に生い立ちを子どもに伝えることで、心身のバランスを崩したり、情緒不安定になったり、自暴自棄になったりします。しかし、生い立ちを知ることは、子どもに保障されるべき権利でもあることから、支援者は子どもの性格や気質をふまえて、生い立ちを知ることによる影響・課題なども考慮して、サポート態勢を整える必要があります。

子どもが生い立ちを知り、自分の存在が明確になっていく過程で、支えてくれる職員の存在は心強いものです。そして、生い立ちの現実を受け入れて乗り越えていくことができれば、自己肯定感は高まり、将来の夢や希望を持つことにつながります。

また、生い立ちを知る支援の手法で注目されているものとして、**ライフストーリーワーク**があります。これは1950年代に家庭養護が主流であった欧米において、社会的養護のソーシャルワークの一環として養子縁組や里親家庭で暮らす準備のために、成長過程を記録した**ライフブック**と呼ばれる冊子を子どもに渡したことがはじまりといわれています。

その後1970年代には、「生い立ちを知ることは混乱の解消になる」との趣旨から、生い立ちなどを記した記録が加えられるようになり、**ライフストーリーブック**となりました。

ライフストーリーワークは日本の社会的養護でも、さまざまな課題を改善し、子どもの生い立ち（過去）や家族との関係（現在）を整理して前向きに生きる（未来）ための取り組みとして実践されています。

図４-３　生い立ちを知るための支援

2 親の存在

生い立ちを知るということは、自分がたどってきた人生を理解するわけですが、子どもにとって人生で不可欠なのが、**親の存在**です。親のことがわからなかった子どもが、親の名前や年齢などを知り、存在を具体化することができると、次に会いたいという気持ちになることが多いです。

終戦直後の施設では、親を失った多くの子どもが暮らしていました。子どもは親についての記憶があり、そして亡くなったことを知っていたため、悲しみも大きかったです。一方、現在の施設や里親家庭で暮らす子どもの多くは、親が生存しています。

そのため、多くの子どもは親に会いたいと願うのですが、親の行方不明や服役、ひどい虐待による親権停止や家庭裁判所の審判（児童福祉法第28条）による措置のほか、遺棄、こうのとりのゆりかご（p. 4）に預けられて出自に関する手かがりがないなどといった、親に会わせることができない、または会うことが不可能な場合があります。

家庭で暮らしていると、親と会えない、親がわからないという状況を想像することは難しいかもしれません。「親のことがわからないなら戸籍を調べればいいのではないか」と考える人もいるでしょう。しかし、まったく手がかりがない場合もあるのです。

たとえば、実母が保険証をもっておらず、知人に保険証を借りて出産したあとに行方不明となったケースや、虚偽の届出をして戸籍に入れたケース、遺棄されて名前も生年月日もわからないといったケースがあります。さまざまな事情があるにせよ、悪意や故意により操作されてしまうと実親を見つける手かがりは途絶えてしまうことがあるのです。

施設や里親家庭で暮らす子どもが、将来の希望や目標を持つことはとても重要なことです。しかし、施設職員や里親が子どもと将来の希望や目標について話をすると、実親と一緒に暮らすことが目標であり希望だという子どもが多いです。

家庭にいる子どもにとっては、親と一緒に暮らすということは当たり前であり、それが将来の希望や目標となることはありません。むしろ、医者やプロ野球選手、音楽家などになりたいという希望や目標を抱くことでしょう。しかし、親と一緒に暮らすことが当たり前ではない状況にある施設や里親家庭で暮らす子どもにとっては、まずはそのことが希望や目標となってしまい、職業などの将来を展望することが難しくなってしまうのです。

そのため施設職員や里親は、子どもが実親の存在を知らないことや、一緒に暮らすことができない現実について、丁寧に子どもへ寄り添い、共感しながら現実を受け止められるようにすることが求められています。そうすることで、将来の夢や展望が持てるように自立を支援していかなければなりません。

育てて
あげられなくて
ごめんね
❶養育困難
❹実親と会う
児童相談所
❷里親委託
❸相談
産んでくれた
お父さんお母さんに
会いたい

図４-４　実親の存在

演習 CASE 7 リービングケアにおける進学の支援について考えよう

児童養護施設で暮らす高校２年生の萌太は、中学２年生のとき、両親を飛行機事故で亡くしました。その後の補償や相続などでサポートしてくれた弁護士に憧れ、将来は弁護士になりたいという夢をもっています。そのために大学進学を希望しており、担当職員に進路について相談しました。

しかし、進学するにはいくつかの課題があります。どのような課題があって、萌太の夢を実現するためにどのような支援方法があるのかを、施設職員として考えてみましょう。

問題

① 進学を阻（はば）む課題にはどのようなものがあるのか書き出してみましょう。

② 抽出された課題をクリアするためにはどのような方法があるのかを、できるだけ具体的に考えてみましょう。

③ 子どもの夢を実現させるためには、いつから取り組みをはじめればいいと思いますか。

解説

① 進学へのハードル

進学の課題として、まずは合格できるだけの学力が必要です。状況によっては塾などでの受験対策が必要になります。その他の課題としては、入学金などの学費、一人暮らしのための費用や、住居の賃貸借契約などに伴う保証人の課題もあります。保証人については、誰に担ってもらうのか検討をしておく必要があります。

② 進学に不可欠な金銭面でのサポート体制

学力の向上については、学校の勉強のほか、学習ボランティアや塾、家庭教師などを活用していくことが可能です。塾などの費用については施設から支出することもできます。

入学金や授業料については、2020（令和２）年４月から開始された**高等教育の修学支援新制度**による入学金・授業料の減免制度やさまざまな給付型奨学金（返済しなくてもよい奨学金）があります。

これに加え、貸与型の奨学金もあります。ほかには、大学が独自で実施している奨学金制度などもあるので、志望校を決定する際に調べておくことが必要になります。

また、施設や里親家庭で暮らす子どもには学用品などの購入費用として、**大学進学等自立生活支度費**が支給されることになっています。通常で約８万円、保護者からの経済的援助が受けられない場合などは、さらに約20万円が支給されます。

支給ではありませんが、家賃や生活費、資格を取得するための資金の貸付制度もあります。就職してからの就業年数に応じて、返還が免除される制度になっています。

そのほか、基本的には18歳までしか措置されることはできませんが、20歳まで措置延長をして、子どもが施設や里親家庭で継続して生活することも可能です。また、18歳または20歳を迎えて措置解除となった場合も、必要に応じて22歳まで支援が受けられるようになっています。場合によっては、自立援助ホームの利用を検討することもできます。

一方、保証人が見つからない場合などは、**身元保証人確保対策事業**（詳細は次ページ参照）によって保証人を確保することもできます。

③ 早期の取り組み開始の重要性

一般的に、進路については高校３年生などの最終学年になってから具体化させていきますが、施設や里親家庭で暮らしている場合、進路を決めるだけではないことから、高校１年生の時期から取り組みをはじめていくことが必要です。具体的には以下の三点を解決しなければ進学を実現することは難しくなってきます。

【志望校の選定】

受験料の問題から複数校の受験が限定的となることもあるため、塾や模試などを活用して受験校を絞り込むことが望まれます。

【受験料や進学後のための費用の確保】

奨学金などの活用も視野に入れ、受給条件を満たす成績だけでなく、費用を確保するためにアルバイトをしておくことも状況によっては必要になります。

【親などからの進学後のサポート】

親などに進路について伝え、進学後にどの程度のサポートが可能かを詰めていきます。

身元保証人確保対策事業

この事業は、施設などを退所する子どもや女性が、就職したり、大学などへ入学したり、住居を借りたりする際に、施設長などが身元保証人となる場合に加入する損害保険の保険料の補助を行うものです。

対象は、児童養護施設、児童自立支援施設、児童心理治療施設、里親、ファミリーホーム、自立援助ホーム、母子生活支援施設、児童相談所一時保護所（一時保護委託含む）などを退所や措置解除となる子どもや女性で、就職や入学、住居を借りるときの身元保証人を確保できない人です。

保険料の年間補助額は、就職時12,960円、住居の賃借時19,152円、大学や高校等入学時12,960円となっています。

保証については、たとえば大学への入学で、学費の滞納などによる教育機関の損害に対して、身元保証人が代わりに請求を受けて支払う必要が生じた場合などの保証を行うことになっています。

今までは、身元保証人などになってもらえる人がいなかった子どもに対しては、善意で施設長などの職員や里親などが保証人になっていました。この事業によって、身元保証人になってくれる施設長や児童相談所長などが増え、子どもの進学に関する支援につながることが期待されています。

■引用文献

林恵子編著『ひとり暮らしハンドブック　施設から社会へ羽ばたくあなたへ――巣立ちのための60のヒント』明石書店、2010年
こども家庭庁「社会的養育の推進に向けて（令和5年4月5日）」2023年、p. 137

■参考文献

原田旬哉・杉山宗尚編著『図解で学ぶ保育　社会的養護Ⅰ』萌文書林、2018年
厚生労働省HP「子ども虐待対応の手引き」2021年4月5日閲覧
厚生労働省「社会的養護自立支援事業等の実施について」2023年
厚生労働省「社会的養育の推進に向けて（令和5年4月5日）」2023年
才村眞理・大阪ライフストーリー研究会編著『今から学ぼう！ ライフストーリーワーク――施設や里親宅で暮らす子どもたちと行う実践マニュアル』福村出版、2016年
山本智佳央ほか編著『ライフストーリーワーク入門――社会的養護への導入・展開がわかる実践ガイド』明石書店、2015年

第5章

アフターケア

❶ 家庭復帰に伴うアフターケア

施設や里親家庭にいる子どもは、ずっとそこで暮らすわけではありません。家庭復帰して再び家族と一緒に暮らす場合や、家族とは一緒に暮らさず社会に出ていく場合もあります。

しかし、子どもが施設などから離れたからといって、それで支援が終わりというわけではありません。なぜなら、たとえば児童福祉法第37条で「退院した者について相談その他の援助を行う」（乳児院）と規定されているように、施設を出たあとも援助（支援）を行うことが法律上の目的として定められているからです。そこで、ここでは施設などから離れた子どもに対して行う**アフターケア**という支援について、説明していきます。

1 連絡・訪問などによるケア

家庭復帰した子どもが再び家族と暮らすにあたって、注意しなければならないことの一つとして、**家族との関係**があげられます。

もちろん、一時帰宅（外泊）などを繰り返し行い、家族との関係が良好に保たれているかを確認したうえで家庭復帰となる場合が多いのですが、子どもと家族が一緒に過ごす時間が限られている一時帰宅と、そうではない家庭復帰とでは、子どもと家族の感じ方などは大きく変わってきます。一度離れて暮らしているので、とくにその期間が長ければ長いほど、再び一緒に暮らすときに受ける違和感は大きくなる可能性があります。

また、きょうだいがいて一人だけが施設で暮らしていた場合に、その子どもが家庭復帰したら、家庭のなかでその子の居場所がなく、家にいるのがつらくなってしまうということがあります。そのような状況にならないように、またなってしまったとしても解決・緩和できるようにすべきです。

そのため、子どもや家族の様子を確認することが重要になります。子どもや保護者と直接電話をして、悩みごとや家族との関係、生活状況などの様子を聞いたり、場合によっては**SNS**（p. 80）を活用したり、**家庭訪問**を行ったりして様子を把握します。そして、助言を行うなどして、支援することが求められるのです。

児童心理治療施設や児童自立支援施設の場合は、家庭復帰をしたあとも、家から施設に通う**通所機能**による支援を実施しています。通所機能はありませんが、母子生活支援施設などほかの施設も、親子でも個別でも、いつでも相談に来ることができるように窓口を設置しているなど、施設で相談を受けている場合があります。

図5-1　児童福祉法に規定されている各施設のアフターケア

2 関係機関との連携

1で説明したように、家庭復帰したあとの子どもや家族への支援が必要です。しかし、施設職員などは、入所・委託されている子どもの支援に手一杯であるため、さまざまな**関係機関と連携**して、**継続的な支援**ができる体制を整えておくことが求められます。

連携する関係機関には、**児童相談所**や**福祉事務所**、**保健所・保健センター**、幼稚園や保育所、学校、医療機関、**要保護児童対策地域協議会**などがあります。その他、**民生委員・児童委員**に地域での見守りを依頼することもあります。

関係機関というと難しく感じるかもしれませんが、その子どもや家族とかかわりのある機関や施設、団体などです。つまり、家庭復帰した子どもが通う小学校があれば、そこも学校生活を含めた子どもの様子を把握できる関係機関になるのです。

関係機関が連携することで、多角的な（いくつかの方面からの）視点で子どもと家族の状況把握が可能となり、課題や問題となりそうなことが起きた場合にすばやく対応することができます。

また、ある程度の治療を終えたり、非行傾向が落ち着いたりした子どもが、児童心理治療施設や児童自立支援施設から、措置変更として児童養護施設に移ることもあります。その場合も、施設同士が直接または児童相談所を介して関係機関として連携をとりながら、情報提供や面会など、子どもと家族に対して支援することが求められます。

3 里親への措置変更

児童相談所は家庭からだけでなく、施設から里親へ子どもを委託（措置変更）することがあります。そして、個人差はありますが、里親委託されたあとに子どもが**困らせるような行動**をとることがあります。たとえば、ある程度の年齢になっているのにおむつを着けたいと言ったり、指しゃぶり（指吸い）をはじめたりするなど、赤ちゃんのような行動をすることがあります。これは**赤ちゃん返り**といわれる**退行現象**です。

また、調味料を床にぶちまけたり、里親に対して暴言を発したりするなど、わざと叱られるようなことをする問題行動が表れることもあります。これは**試し行動**といわれるもので、さまざまなネガティブな行動を表出することで、「愛されている」ことを確認する行動です。

これらは里親になるための研修などで学びますが、実際に直面すると、里親の自信を奪い、悩みを増幅させるほどの強大な負の力となります。そのため、**里親支援専門相談員**をはじめとする施設職員や、ほかの機関や人材による里親への支援が不可欠です（詳しくは第6章③里親支援参照）。とくに、委託される前に生活していた施設の職員は、その子どもの性格や特徴などの情報を把握している貴重な存在なのです。

図5-2　家庭復帰に伴うアフターケアの例

❷ 就職・進学によって社会へ出た子どもへのアフターケア

1 家庭訪問・職場訪問

社会へ出た子どもの進路は、大きく分けると就職と進学の二つになります。就職については、事前に施設職員が就職先へ挨拶をしておくことが望ましいです。何かあった場合に連絡をとれるようにしておく必要があるからです。そして、職場内でのトラブルや欠勤、退職といった情報を得られるようにしておかなければなりません。

進学については、可能であれば進学先へ挨拶をしておくなど、就職の場合と同様に連絡をとれるようにしておくことが望まれます。

また、可能なかぎり**職場訪問**や**家庭訪問**をして子どもに直接会いに行くべきです。職場訪問では、退所した子どもだけでなく、経営者や上司、従業員などと話して子どもの様子を確認するとともに、就職先との関係性を構築・継続しておきます。

家庭訪問では、子どもがどのような生活をしているのかという生活状況を把握し、悩みや困りごとなどの相談を受けて対応します。就職の場合は、職場内での人間関係や仕事の大変さなどを聞いてあげるのもよいでしょう。進学の場合は、友人関係や授業などの学業面に関しての話を聞いてあげましょう。

注意すべき重要なことは、金銭面に関することです。とくに進学の場合は、生活費と学費が必要となるため、なかには収入のためのアルバイトと学業を両立することが困難になる可能性が生じてくるからです。さらに、一人暮らしをしている子どもにとっては、会いに来てもらえるということ自体が、何よりも励みになることでしょう。

2 SNSの活用

※ SNS=Social Networking Service

近年はスマートフォンの普及によって、社会へ出た子どもに対しても気軽に連絡をとることができます。電話でしっかりと話すことも重要ですが、簡潔な報告であったり、話すことが苦手な子どもであったりすると、LINEなどを活用するのも一つの方法です。

また、InstagramやX（旧Twitter)、Tik Tok、Facebookなどは、子どもの近況がわかるので状況把握にも使えたり、連絡がとれなくなったほかの退所（措置解除）した子どもとつながることができたりするという活用方法もあります。

ただし、SNS※に掲載されている子どもの近況や情報がすべて正確かといえば、そうではない可能性もあります。SNS上だけ見栄えよく振る舞うこともあるので、鵜呑み（うの）みにしないように注意が必要です。また、SNSによる犯罪などにも巻き込まれないように子どもへの注意をうながしながら、有効に活用しなければなりません。

図５－３　職場訪問・家庭訪問

図５－４　SNS の活用

3 実家的機能を担うために

施設や里親家庭は子どもが寂しくなったり、懐かしくなったりしたときに帰りたくなる場所でなければなりません。とくに、家庭復帰ができず、社会へ出た子どもにとっては、唯一帰ることのできる場所と言っても過言ではありません。

乳児院、母子生活支援施設、児童養護施設、児童心理治療施設、児童自立支援施設は、児童福祉法で施設を退所したあとも、子どもたちの相談援助を行うことを目的とする施設として定められています。これは前述したような家庭訪問や職場訪問はもちろんのこと、子どもたちが施設に戻ってきて相談することも含まれています。

また、**里親及びファミリーホーム養育指針**（厚生労働省、2012）には「措置解除後においても、養育者と過ごした時間の長短にかかわりなく、子どもが成人した時、結婚する時、辛い時、困った時、どんな時でも立ち寄れる実家のような場になり、里親家庭やファミリーホームがつながりを持ち続けられることが望ましい。」と示されています。このように、施設や里親家庭には**実家的機能**が求められるのです。

施設や里親家庭が実家的に機能するためには、頼りやすく安心できる雰囲気が欠かせません。そのためには入所・委託中から、職員や里親が子どもと相談しやすい関係を築いておくことが求められます。

しかし、入所・委託中には良好な関係が築けていなかったからといって、その子どもが後に施設や里親家庭に帰ってこないとはかぎりません。施設や里親家庭を離れて社会生活を送るなかで、職員や里親の思いに気づくこともあります。そして、施設や里親家庭に帰ってきてお礼を口にする子どもが実際にいるのです。そのため、どの子どもに対しても、いつでも受け入れられるようにしておくことが必要です。

●施設運営に求められること

さらに施設については、子どもが帰ってくるのは、施設がある場所や建物が目当てではありません。施設にいる職員を求めて帰ってくるのです。せっかく帰ってきたのに、知っている職員がいないと子どもが帰ってきた意味がありません。だからこそ、職員はできるかぎり継続して働くように努めることが大切です。そして、施設運営に携わる理事長や施設長などは、職員が働きやすい職場環境、継続して勤められる体制などを整備しなければならないのです。

ちなみに、認定NPO法人ブリッジフォースマイルが行った調査（2013）では、2011（平成23）年度の児童養護施設の職員離職率が13.3%でした。そのうち、20代の離職者が全離職者の52%、勤続年数3年以内の離職者が全離職者の49%で、若くて経験の浅い職員が早期に離職する状況がありました。これらのことをふまえて職員が長く勤めることができる施設運営が、実家的機能を担う施設づくりにつながるといえるでしょう。

図5-5　施設が実家的機能を担うために…

演習 CASE 8 「アフターケア」について考えよう

英子は橋本学院大学への進学が決まり、高校卒業とともに施設を退所して、母宅から大学に通うことになりました。

半年後、同時期に施設を退所した美子から英子の担当職員だったふみに連絡が来ました。

ふみは自分の恩師である石岡幸次先生に連絡をとり、英子の大学での状況を聞きました。

ふみは英子に何回か電話をかけましたが、英子は電話に出ません。そこで、LINEを送ったところ……

英子の母にも連絡をとろうとしましたが、応じてもらえなかったため、美子に連絡しました。

数日後、美子が英子を連れ出し、ファミリーレストランでふみと会いました。しかし、英子はふみと話そうとはしません。

後日、美子から連絡があり、英子は学費に充てるための奨学金やアルバイトで貯めたお金を母にとられており、母との生活に嫌気がさして友人宅を渡り歩いているとのことでした。

問題

① 英子は、退所後の母との生活をどのように思い描いていたのでしょうか。

② 英子のように施設を退所した子どもが困った場合に、施設を頼ることができるようにするには、施設としてどのようなかかわりや取り組みが必要だと思いますか（入所中、退所後も含めて）。

③ 施設を退所した子どもを支援する制度や活用できる社会資源などについて、インターネットなどを使って調べてみましょう。

解説

① 家庭復帰がすべて良好とはかぎらない

英子は母からお金を取り上げられることなど想像していなかったでしょう。もしかしたら、英子は母との素敵な生活を思い描いていたかもしれません。しかし、就職する子どもの給料を目当てに同居をはじめる親がまれにいます。家庭復帰は望ましいことですが、施設にいるあいだには見えていなかった部分が、一緒に暮らすことで見えてくることもあるため、**入所中にしっかりと家庭の調査をします**。また、**子どもと家族とがよい関係を築けるように支援**することが必要です。

---

② アフターケアを行うためには信頼関係が重要

みなさんが英子の立場であれば、どのような施設であれば頼りやすく、気軽に相談できますか。まず大きなポイントになるのは、**信頼できる人がいて、その人が安心感を与えてくれるかどうか**です。つまり、子どもが施設で生活しているあいだに、職員は子どもとの信頼関係を築き、**安心できる存在になること**が大切です。そうすれば、退所後にも何かあれば相談しやすくなります。

しかし、英子のように施設を頼らない・頼れない子どもがいます。そのような場合は、このケースのようにまわりの友人に協力してもらうことも一つの方法です。そこで、施設で生活しているときから**交友関係などをある程度把握しておく**必要があります。

また、子どもが退所したあとも**継続的にかかわること**が重要です。退所後も連絡をしたり訪問したりすることで、子どもは施設を信頼し、安心できる実家的存在と認識してくれます。現在は、アフターケアの業務を専門的に行う**自立支援コーディネーター**や**自立支援担当職員**などを配置し、その職員が中心となって組織的にアフターケアに取り組む施設や地方公共団体もあります。

---

③ 制度や社会資源などの知識は必須。学びつづけよう

退所した子どもが施設を頼ってきたときに、どのように支援するのかが重要になります。子どもの望まない対応や的外れな支援を行えば信頼は損なわれ、施設から遠ざかってしまいます。そのため、職員には**支援に関する制度や社会資源などの知識**が求められます。たとえば、英子の学費を支援するために、社会的養護にかかわっていたからこそ利用できる給付型の奨学金などがあります。これは親などを頼れない子どもにとっては、とても心強い支援となります。

制度としても「社会的養護自立支援拠点事業」「身元保証人確保対策事業」「退所児童等アフターケア事業」「自立支援資金貸付事業」「児童自立生活援助事業」などがあり、これらを活用して施設や里親のもとから離れ自立したあとのリスクに備えることができます。

具体的には、入所措置として原則、高校卒業もしくは20歳になれば施設を退所しなければなりませんが、児童自立生活援助事業を活用すれば、年齢は関係なく支援が必要な間は施設で生活をすることができます。このほかにも社会的養護にかかわる・かかわってきた子どもたちへの資金援助を行う民間の団体などや、アフターケアを専門的に行う団体もあります。

また、日本とアメリカにある社会的養護で育った若者たちで構成されているインターナショナル・フォスター・ケア・アライアンス（IFCA）のような、社会的養護を経験した当事者で作る団体もあります。

たとえば大阪では「CVV（Children's Views & Voices)」、東京では「日向ぼっこ」という団体があり、児童養護施設などを退所した人が気軽に立ち寄れ、相談できる場所となるように活動を行っています。

とくに、英子は職員であったふみには話せませんでしたが、施設で一緒に生活をしていた美子には自分の困っていることを話せていました。このように**同じ当事者になら話せる**といった事例は多くあり、アフターケアを行うにあたって、このような活動はとても有効です。

また、子どもが母親からの経済的搾取に陥るというこのようなケースの場合、今後の支援として自立援助ホームを利用するなどの連携も考える必要があります。

このように**ケースごとに、ニーズに合ったさまざまな支援を活用**しなければなりませんが、支援する側が制度や社会資源などを知らなければ、支援につなげることができません。

■引用文献

厚生労働省「里親及びファミリーホーム養育指針」2012年、p. 9

特定非営利活動法人ブリッジフォースマイル「全国児童養護施設調査2012　施設運営に関する調査」2013年、p. 5・12・15

■参考文献

Children's Views & Voices＋長瀬正子『社会的養護の当事者支援ガイドブック――CVVの相談支援』Children's Views & Voices、2015年

原田旬哉・杉山宗尚編著『図解で学ぶ保育　社会的養護Ⅰ』萌文書林、2018年

橋本好市・原田旬哉編著『演習・保育と社会的養護実践』みらい、2019年

IFCA（インターナショナル・フォスターケア・アライアンス）HP（https://ifcaseattle.org/jp/index.html）、2021年2月1日閲覧

インターナショナル・フォスターケア・アライアンス（IFCA）『サポーティブ・アダルト――児童福祉施設や里親家庭を巣立つ若者たちの伴走者のためのブックレット』2019年

第6章

ソーシャルワーク

❶ ソーシャルワークとは

ソーシャルワークと聞くと、何か難しいイメージを持ちませんか。たしかに聞きなれない言葉ですし、テレビや新聞などでも目にすることはほとんどありません。一方、児童養護施設などの現場では、子どものことだけではなく、その家族や地域、児童相談所や保健所などの外部機関とかかわることが必要なのですが、その際にソーシャルワークを活用しています。

つまりソーシャルワークは、「社会福祉にかかわる専門職が、さまざまな知識や技術、方法を活用し、支援の対象となる人が抱える問題を解決・緩和できるように専門的に取り組んでいくこと」と表せばわかりやすいかもしれません。

1 ソーシャルワークの種類

ソーシャルワークにはいくつかの種類がありますので、あげてみましょう。

①支援の対象となる人に直接かかわって支援を行う**直接援助技術**

例：支援の対象となる人と面接したり、相談を受けたりするなど直接、支援をする。

②環境面などに働きかけて側面から間接的に支援を行う**間接援助技術**

例：児童養護施設について正しく理解してもらうための活動を行って、世間の誤解や偏見を取り除き、施設で生活する子どもの利益につなげる。

③直接援助技術と間接援助技術をうまく進めていくために、福祉領域に隣接した領域を活用する**関連援助技術**

例：虐待を受けた子どもに対して、カウンセリングなどの心理療法を活用する。

また、直接援助技術は、**個別援助技術（ケースワーク）**と**集団援助技術（グループワーク）**に分けられます。

ケースワークは、環境や制度、社会資源など、個人と社会関係を調整することで、支援の対象となる人が自分の意志で問題を解決・緩和できるよう個別に支援します。

このケースワークを進めるにあたり、支援者が意識しなければならない**バイスティックの７原則**（図６-１）というものがあります。簡単に言えば、「信頼関係を構築し、適切な支援関係を築くための姿勢」となります。支援を有効に実施するためには、支援の対象となる人との信頼関係がなければ成り立ちません。

グループワークは、集団の力を利用します。グループの相互作用を上手に活用することで、個人が抱える問題を解決・緩和に導いたり、グループ全体の成長を図ったりします。

たとえば、アルコールに依存してしまう人のグループがあります。酒を飲んでしまう状況や、飲まずに我慢できた経験などについてグループで話し合うことで、自分を客観的に見つめ直したり、我慢するための有効な情報を得たりすることができます。このように、グループの力を活用しながら意図的に解決へ導いていくのです。

個別化

恵比須

問題や課題は、人によってとらえ方や感じ方がさまざま。個人を尊重し、個別な存在として対応することが大切じゃ

意図的な感情の表出

大黒天

喜怒哀楽を自由に表現できる雰囲気が大切。そして傾聴することが必要なのです

統制された情緒的関与

毘沙門天

相手の感情を受け止め、適切に反応せよ。相手の感情に巻き込まれないよう落ち着けよ

受容

弁財天

相手の考えなど、ありのままの姿を認めて受け止めましょう。ただし、何でも受け入れるのではなく、なぜそのような言動が出るのかなど、その人を理解することが必要ですよ

非審判的態度

福禄寿

相手を一方的に非難・批判しないことじゃ。善悪を勝手に判断すると、相手は安心して自由に表現できなくなってしまうぞよ

自己決定

寿老人

相手が自らの意思で行動や考えを決めること。相手の背中を押してあげられるようなかかわりが大切じゃ

秘密保持

布袋

知り得た情報などは秘密を守り、ほかの人に話したらあかん!! ただし、連携するほかの専門職などと情報を共有する場合は、対象者に説明し、承諾を得るんやで

出典：直島・原田、2017 を参考に筆者作成

図 6-1　バイスティックの 7 原則（七福神バージョン）

2 社会的養護におけるソーシャルワーク

社会的養護にかかわる子どもやその家族は、さまざまな事情や課題を抱えていることが多く、そのため支援者には多様な場面に対応できる知識や技術、方法が必要となります。すなわちソーシャルワークを活用し、子どもやその家族を支援することが求められます。

●ソーシャルワークの過程

施設や里親家庭で生活する子どもやその家族を支援するために、ソーシャルワークを活用することがあります。ただし、支援者はソーシャルワークをどのように進めていくのか、そのプロセスを知らなければ支援に生かすことができません。**ソーシャルワークの過程**（図6-2）として、以下の８つの順で実践されます。

①**問題把握（発見）**：ソーシャルワークの最初の段階で、問題が何であるかを把握・発見する段階

②**インテーク**：問題を把握したうえで、情報収集を行いながら信頼関係を構築する段階

③**アセスメント**：さらに情報収集をしながら、支援を必要とする人にとって何が必要かを整理する段階

④**プランニング**：支援の計画を作成する段階

⑤**支援の実行**：④の計画をもとに支援を実践する段階

⑥**モニタリング**：支援を適切に実践しているか、どのような効果があるか、変化をもたらしているかなどを多角的に（いくつかの方面から）中間評価する段階

⑦**エバリュエーション**：実践してきた支援に対して事後評価を行い、振り返る段階

⑧**終結**：問題が解決され、終結する段階

終結の際には、残された課題などがないかを確認します。また⑥の中間評価の段階で、支援が効果的でなかったり、新たな問題・課題を把握したり、支援内容を見直したりする際は、再び③④を行い、支援を実践する必要があります。

●ソーシャルワークと日常生活支援

児童養護施設や乳児院には、家庭支援専門相談員（ファミリーソーシャルワーカー：FSW）や里親支援専門相談員（里親支援ソーシャルワーカー）といった「ソーシャルワーカー」の名称がつく専門職があります。とくに家庭支援専門相談員は児童相談所と連携し、家庭との調整などを行うため、ソーシャルワークが欠かせません。ただし、ソーシャルワーカーの名称がつかなくとも、子どもや家族にかかわるかぎりソーシャルワークは必要です。

さらに言えば、直接子どもとかかわる職員は、日常生活支援を通じて子どもと信頼関係を築くとともに、子どもの成長や様子を詳しく知ります。つまり、日常生活支援によって、子どものことを把握し、それをふまえてソーシャルワークを活用することができます。

このようにソーシャルワークと日常生活支援は、車の両輪のごとく両方が回ってこそ、効果的な支援となり、子どもの成長や自立へとつながるのです。

❶問題把握（発見）

❷インテーク

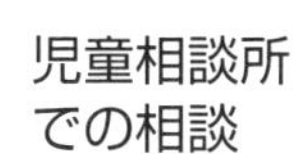

❸アセスメント

❹プランニング

❺支援の実行

❻モニタリング

❼エバリュエーション

❽終結

図 6-2　ソーシャルワークの過程の例

❷ 家庭支援

1 社会的養護にかかわる家庭が抱える問題

社会的養護について学ぶなかで、子育て家庭が抱える問題と聞くと、**子ども虐待**や**子どもの貧困**といった言葉が思い浮かぶのではないでしょうか。

まず、「子ども虐待」という言葉ですが、メディアでもよく耳にするようになりました。子ども虐待の現状を表す一つの指標として、全国の児童相談所が受けた虐待相談対応件数があります。この数値は1990（平成２）年度から取りはじめ、当初は1,101件でした。しかし、2022（令和４）年度には21万9,170件（速報値）となり、虐待相談対応件数が激増していることがわかります（こども家庭庁、2023a）。

子ども虐待は社会的養護にかかわる家庭にとっての大きな問題です。なぜなら、子どもが施設や里親へ措置される理由として多いのが虐待だからです。たとえば、児童養護施設では45.2%、乳児院では32.6%、児童心理治療施設では39.6%、里親では39.3%の子どもが虐待を理由に措置されているとの報告（厚生労働省、2020）があります。つまり、子どもへの虐待が増えていることが、施設や里親へ子どもが措置される大きな要因になっているのです。

次に、子どもの貧困の現状を知るには、**子どもの貧困率**という指標があります。日本の数値は、2021（令和３）年で11.5%となっています（厚生労働省、2023）。前回（2018年）より2.5%改善されましたが、未だ約8.5人に１人の子どもが貧困状態にあります。

この貧困という問題は、虐待とも大きく関係してきます。とくに親などの大人が一人で子育てをしている家庭（多くがひとり親家庭）の貧困率は44.5%であり、ひとり親家庭となることは貧困に陥る可能性が高くなります。

そして、ひとり親ということは、経済的な問題に加えて一人で子育てを行わなければならず、ストレスが高い状態にあると考えられます。実際に、子どもが児童養護施設へ入所するときの約６割がひとり親家庭である（厚生労働省、2020）という状況を見れば、貧困と虐待が関係していることがわかります。

ほかにもDV（ドメスティック・バイオレンス）や子育ての孤立、保護者の精神疾患などの問題があげられます。これらの問題は単独で起きているわけではなく、複雑に絡みあって、より困難な状況となる場合もあります。それが子どもを保護する要因になることを理解しなければなりません。そして、社会的養護にかかわる子どもの家庭の背景にあるこれらの問題を、解決・緩和に導いていくことが求められています。

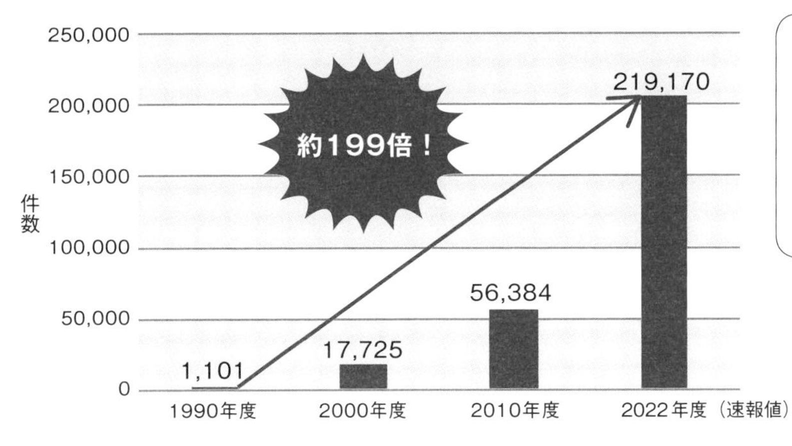

少子化なのに、子ども虐待の相談は激増しているという不自然な状態‼ その分、施設を利用する子どもたちの背景にも虐待が絡んでいることが多くなっているのだよ

※ 2010 年度の件数は、東日本大震災の影響により、福島県を除いて集計した数値

図 6-3　児童相談所における児童虐待相談対応件数の現状

出典：こども家庭庁、2023a をもとに筆者作成

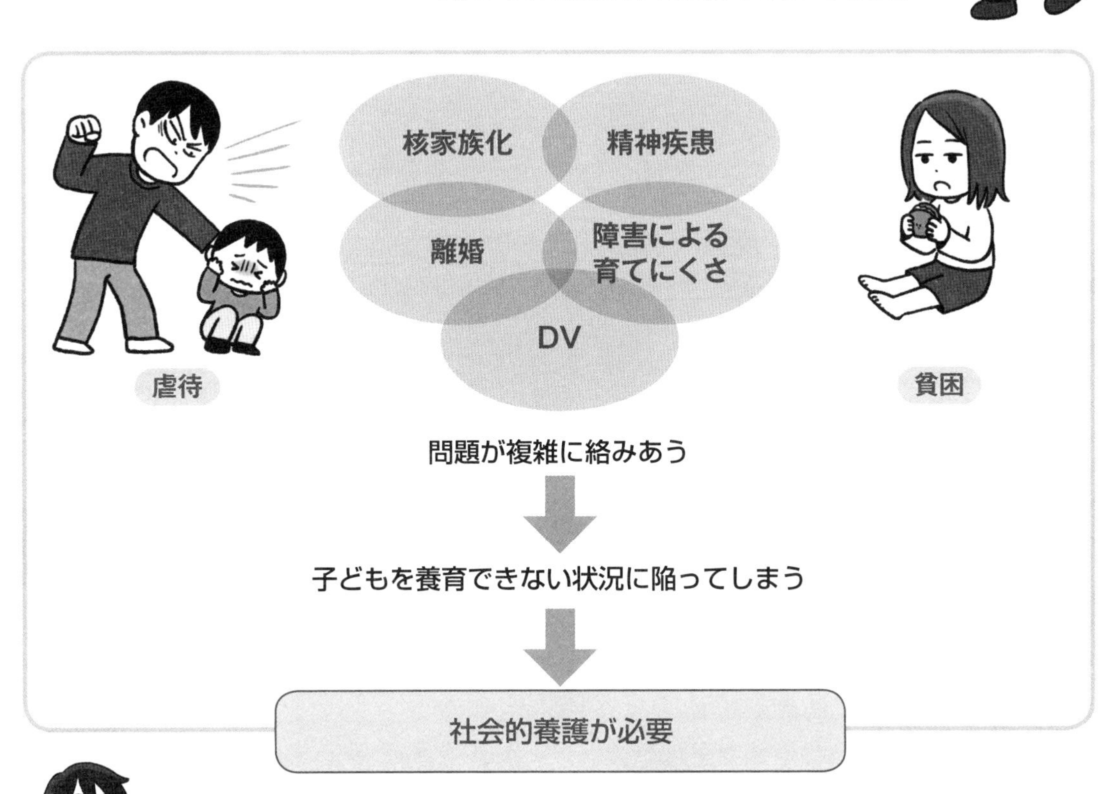

たとえば、離婚すればひとり親となって貧困に陥る可能性が高まり、それが虐待につながることもあり得ます。さまざまな問題がお互いに影響しあっているわけです。そのため、子どもへの支援だけではなく、これらの問題を抱えた家庭・家族への支援が欠かせません

図 6-4　子育て家庭を取り巻く問題

2 社会的養護にかかわる子どもにとっての家庭・家族

施設や里親家庭で暮らす子どもにとって、家庭・家族はどのような存在なのでしょうか。たとえば、親からの虐待が施設への入所理由だとすると、私たちは虐待をするような親とはかかわらず、施設で暮らしたほうがその子にとって幸せだと考えてしまいがちです。

しかし実際は、虐待を受けた子どもであっても、「お母さんやお父さんに会いたい」「家族と一緒に暮らしたい」などと発言する子どもがいます。つまり、家族とのかかわりを求めているのです。もちろん、すべての子どもがそうではありませんが、多くの子どもが家族とのかかわりを希望しています。

厚生労働省（2020）の調査によると、施設や里親への入所・委託時に親などの保護者がいる割合は、児童養護施設で93.3%、乳児院で97.9%、里親で78.4%となっていて、施設や里親家庭で暮らす子どもの多くに親がいることがわかります。

また、施設や里親家庭で暮らす子どもが、家族と何らかの交流がある割合は、児童養護施設で71.6%、乳児院で72.8%、里親で28.1%となっています。施設については多くの子どもが家族との交流があるのです。ただし、里親家庭で暮らす子どもの割合が低いといっても、子どもが家族との交流を望んでいないのではなく、交流することが難しい状況の家庭が多いととらえたほうがいいでしょう。

以上のように、子どもにとって家庭・家族はとても重要な存在なのです。

3 家庭支援とその担い手

子どもにとって重要な存在である、家庭・家族に対する支援は欠かせません。施設などで行われる家庭への支援は、可能であれば子どもを健全に養育できる機能がその家庭に備わるように、ソーシャルワークなどを活用して取り組むことです。

たとえば、パートの仕事をかけ持ちしていた母子家庭の母親が、心身ともに余裕がなくなりました。そして、子育てができなくなり、子どもがネグレクトの状態で暮らしていたことで施設入所になったとします。その場合は、経済的な支援や就業に関する支援を受けられるように福祉事務所などと連携したり、子育てに関する相談を受けられる体制を作ったり、また母親と子どもとの良好な関係を築けるように支援を行うことで、子どもと母親が再び一緒に暮らすことができるようにしていくのです。

そして、施設には**家庭支援専門相談員（ファミリーソーシャルワーカー：FSW）**が専門職として配置されており、家族との面談や相談、家庭訪問の実施、児童相談所などとも連携して問題や課題の共有などを行い、問題・課題を解決・緩和するための支援に取り組みます。もちろん家庭支援専門相談員だけではなく、直接子どもへの支援に携わる保育士など、多職種の連携と協力のもとで家庭・家族への支援は行われています。

施設や里親家庭で暮らす多くの子どもには、親がいます。

委託（入所）時の保護者が両親またはどちらかがいる子どもの割合	
児童養護施設	93.3%
乳児院	97.9%
里親	78.4%

厚生労働省「平成30年児童養護施設入所児童等調査の概要（平成30年2月1日現在）」（2020）より

❶

そして、家庭で虐待を受けてきたとしても……

❷

多くの子どもが家族とのかかわりを求めます。

❸

実際、家族とかかわりのある子どもは大勢います。

家族と何らかの交流がある子どもの割合	
児童養護施設	71.6%
乳児院	72.8%
里親	28.1%

厚生労働省「平成30年児童養護施設入所児童等調査の概要（平成30年2月1日現在）」（2020）より

❹

そのため、施設などでは家庭支援専門相談員をはじめとしたさまざまな職員が、子どもの家庭・家族への支援を行っているのです。

❺

図6-5　施設や里親家庭で暮らす子どもにとっての家庭・家族と支援

4 親子関係再構築支援と社会的養護にかかわる家庭・家族に対する支援

施設や里親家庭で暮らす子どもの家庭・家族を支援するうえで、親子関係再構築支援は重要な支援となります。親子関係再構築支援とは、子どもが施設や里親家庭で暮らすことによって、一度離れてしまった家族を再び一つにすることです。

このように言うと、再び一緒に暮らすということをイメージするでしょう。つまり、**家庭復帰**と呼ばれるものです。もちろん可能であれば、家庭復帰をめざしますが、親子関係再構築支援が示すのは家庭復帰だけではありません。たとえ一緒に暮らせなくても、子どもと家族の良好な関係を築くことが子どもにとって成長の支えとなるからです。そのため、家庭復帰はできなくても、家族との良好な関係を築けるように支援することも親子関係再構築支援といえるでしょう。

ただし、実際に親子関係再構築支援を行ううえで難しいことがあります。それは、家族がその場にいないということです。保育所であれば、毎日子どもの送迎で家族と会う機会がありますが、施設などの場合、家族とは毎日会えるわけではないので支援するタイミングが限られてしまいます。

そのため、家族に対して定期的に電話や手紙で連絡をとったり、子どもの様子を伝えたり、時には学校や施設の行事に参加してもらうなどして、子どもと離れて生活していても一緒に子育てにかかわっていると家族に意識してもらうことが重要となります。

このような取り組みが子どもと家族との面会や外出、外泊につながっていきます。**面会**は、施設や児童相談所などで子どもが家族と会うことです。場合によっては、施設職員や児童相談所職員が同席して面会をすることもありますが、基本的には子どもと家族だけで行います。

外出は、子どもと家族が日帰りで出かけることです。遊びに行ったり、食事や買い物に行ったりとさまざまです。

外泊は、正式には一時帰宅（一時帰省）といったほうがいいでしょう。子どもが一時的に家族のもとに帰ることです。子どもの年齢や家族の仕事などの状況にもよりますが、週末や盆、年末年始、長期休みといった時期に泊まりがけで家族と過ごします。

このようなかかわりを経て、子どもが家族と一緒に暮らすことに問題がなければ、やがて家庭復帰となります。

家庭・家族を支援するには、個人では限界があります。そのためにほかの専門職と連携し、ネットワークを築くことも必要です。たとえば児童養護施設の場合、虐待を受けた子どもの支援には心理的な支援も大切なので、心理療法を行う心理療法担当職員との連携は必須です。

また、児童相談所や学校、病院、警察、市町村の児童福祉担当部署などとの連携も欠かせません。さらに、不適切な養育を行ってしまった保護者に対して、適切な子育ての仕方を伝えることができるように**親支援プログラム**のような支援方法を知っておくことも有効です。

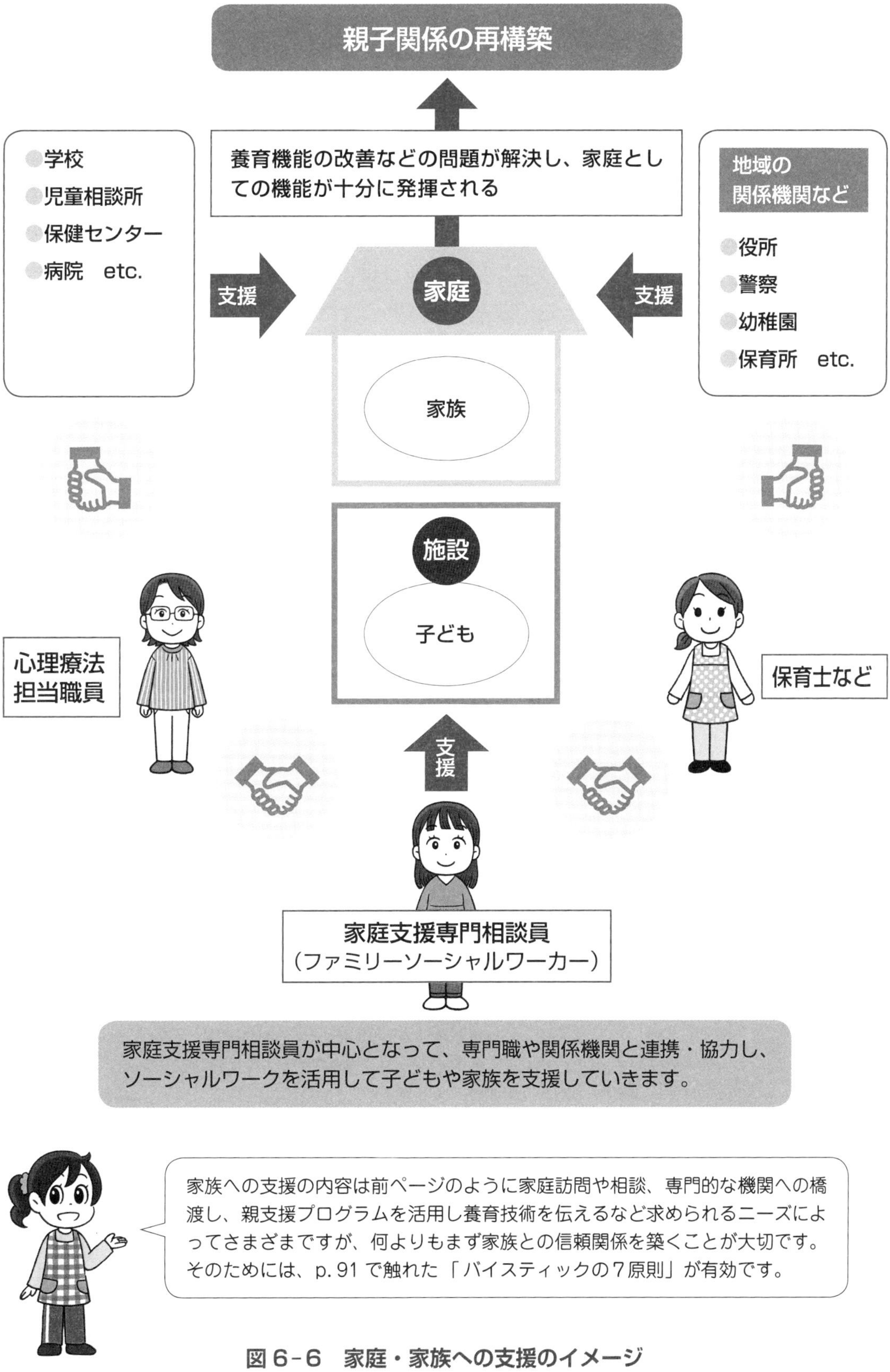

親子関係の再構築

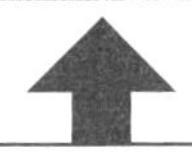

養育機能の改善などの問題が解決し、家庭としての機能が十分に発揮される

- 学校
- 児童相談所
- 保健センター
- 病院　etc.

支援

家庭

家族

支援

地域の関係機関など

- 役所
- 警察
- 幼稚園
- 保育所　etc.

施設

子ども

心理療法担当職員

保育士など

支援

家庭支援専門相談員
（ファミリーソーシャルワーカー）

家庭支援専門相談員が中心となって、専門職や関係機関と連携・協力し、ソーシャルワークを活用して子どもや家族を支援していきます。

家族への支援の内容は前ページのように家庭訪問や相談、専門的な機関への橋渡し、親支援プログラムを活用し養育技術を伝えるなど求められるニーズによってさまざまですが、何よりもまず家族との信頼関係を築くことが大切です。そのためには、p. 91 で触れた「バイスティックの7原則」が有効です。

図 6-6　家庭・家族への支援のイメージ

❸ 里親支援

1 家庭養護の現状

家庭養護とは、保護の必要な子どもを**里親**や**小規模住居型児童養育事業**（以下、**ファミリーホーム**）という養育者の家庭に迎え入れて養育を行うことです。里親は、図6-7のように**養育里親**、**専門里親**、**親族里親**、**養子縁組里親**といった種類があります。それぞれの里親の種類によって役割が異なり、家庭養護を必要とする子どものニーズに合った里親に委託されます。

ファミリーホームは里親を少し大きくした形のものです。また、週末里親や季節里親、ボランティア里親といって（自治体によって名称は違う）、お盆や正月、週末などを利用し、児童養護施設や乳児院などに入所している子どもに対して家庭での生活体験を行う里親もあります。

その家庭養護の状況ですが、表6-1は最近の児童養護施設、乳児院、里親・ファミリーホームの入所・委託率の推移です。表を見れば、施設への入所が減り、里親などへの委託率が上がっていることがわかります。

理由は、2016（平成28）年に改正された児童福祉法でも明記されているように、家庭での養育が困難になった子どもがいた場合、**家庭における養育環境と同様の養育環境**で養育されることが原則となったためです。これは里親のように養育者が変わらないといった家庭環境で子どもが育てられることを意味します。

また、この改正児童福祉法を実現するために、「**新しい社会的養育ビジョン**」が2017（平成29）年に出されました。ここには、就学前の子どもは原則、施設への新規入所停止や、3歳未満の子どもはおおむね5年以内、3歳から就学前の子どもはおおむね7年以内に里親委託率（※ファミリーホームを含む。以下同じ）を75%にする、小学生以上の子どもはおおむね10年以内に里親委託率を50%にする、どうしても施設での専門的なケアが必要な場合は、原則、乳幼児は数か月以内、小学生以上は1年以内の入所期間とする、といった内容が示されています。そして、家庭養育優先原則を徹底し、子どもの最善の利益を実現するため各都道府県において都道府県社会的養育推進計画を策定し、里親等委託推進に向けた取り組みを行っています。

このように家庭養護を推進する方向性が示されており、もともと施設養護が中心だった日本の社会的養護は、家庭養護が中心となっていく転換期を迎えています。

家庭養護が中心になるにあたり、里親の数を増やすと同時に里親への支援も重要となります。そのため里親への包括的な支援体制を強化することが求められており、その支援を行う機関を**フォスタリング機関**と呼びます。フォスタリング機関は里親の広報や募集、子どもと里親家庭のマッチング、里親への研修、里親養育への支援などを一貫して行うことで、質の高い里親養育の実現を目的に活動を行っています。

養育里親

事情があって家庭で育てられない子どもを一定期間、家庭で育てる里親

親族里親

両親が死亡、行方不明などの事情により子どもを養育できなくなったとき、子どもの三親等内の親族（祖父母・兄弟・おじ・おば等）で養育する里親

養子縁組里親

事情があって家庭で育てられない子どもを、養子縁組を前提として育てる里親

専門里親

虐待などで心身ともに傷ついた子どもに対し、経験と専門知識を生かし、家庭で育てる里親

図 6-7　里親制度の種類

表 6-1　児童養護施設・乳児院・里親（ファミリーホーム含む）の入所・委託率の推移

年度	児童養護施設		乳児院		里親・ファミリーホーム	
	入所数（人）	割合 (%)	入所数（人）	割合 (%)	委託数（人）	割合 (%)
2017 年度末	25,282	72.6	2,706	7.8	6,858	19.7
2018 年度末	24,908	71.8	2,678	7.7	7,104	20.5
2019 年度末	24,539	70.5	2,760	7.9	7,492	21.5
2020 年度末	23,631	69.9	2,472	7.3	7,707	22.8
2021 年度末	23,008	69.4	2,351	7.1	7,798	23.5

出典：こども家庭庁、2023b

徐々に社会的養護を必要とする子どもが里親に移行しているのがわかるね。それでも、制度の違いがあって単純には比較できないけど、里親などの委託率についてオーストラリアは約 90%、アメリカは約 80%、おとなりの韓国は約 30% で、日本はまだまだ低い状況にあるよ

2 里親支援の必要性

子どもを育てるというのは簡単なことではありません。そして、里親やファミリーホーム（以下、里親）で養育するのは、虐待を受けた子どもや障害のある子ども、非行傾向のある子どもなど、さまざまな子どもです。そのため、養育がよりいっそう難しくなる可能性があります。

また、施設であれば、保育士をはじめ多くの専門職が連携して子どもを養育します。その専門職のなかには、社会的養護のことや子どものことを学んで資格を持っている職員もいます。里親は研修などを受けますが、専門職のように何年もかけて学んできている人ばかりではありません。

さらに、施設職員は勤務時間があり、住み込み（寮）でなければ自分の家に帰ることができます。しかし、里親は勤務時間がなく、自分の家で養育をします。極端に言えば、24時間子どもと向き合います。そのため、ストレスを解消することが難しく、施設のように悩みをすぐに聞いてもらえる他の職員がそばにいるわけでもありません。だからこそ里親には相談できる人が必要であり、周囲がサポートしなければならないのです。そうしなければ、子どもを里親へ委託したとしても、養育に限界が来て子どもを手放すことになったり、不適切なかかわりが生じたりしかねません。

そこで、里親を支援する専門職として、児童養護施設と乳児院に配置することができる**里親支援専門相談員（里親支援ソーシャルワーカー）**がいます。里親支援専門相談員はソーシャルワークを活用しながら、子どもと里親の側に立って里親委託の推進と里親支援を行います。加えて、施設養護と家庭養護を結びつけるコーディネーターの役割も担っています。前述のフォスタリング機関とも連携し、里親への支援にあたっています。

また、施設で暮らす子どもが里親へ委託されることがありますが、そこで施設のかかわりが終わるわけではありません。委託されたあとも子どもが健やかに成長できるように、さまざまな機関などと連携して子どもを支援することが求められます。家庭訪問を行いながら、子どもと里親の様子を見守り、時には里親が子どもとのかかわりで疲れたり困ったりするなど、一時的な休息が必要な場合に短期間、施設を利用できる**レスパイト・ケア**のような制度の説明を行い、**里親会**や**フォスタリング機関**を紹介することも必要です。このようなかかわりを続け、里親だけでなくお互いに協働して子どもを支えていくことが重要です。

しかし、委託後の支援を続けるなかで、里親と子どもの関係が不調となり、施設に戻るようなケースもあります。不調となったケース以外には、里親から子どもに対する**被措置児童等虐待**が理由で**措置変更**を行う場合もあります。被措置児童等虐待とは、子どもを支援する側が子どもに対して虐待を行うことです。本来、このようなことはあってはなりませんが、まれにこのようなことが起こっています。措置変更はどのような理由にしろ、子どもにとって養育者と生活する環境が変わり、相当なストレスがかかります。そのため、子どもへの丁寧な説明と措置変更後のケアが重要なのです。

児童相談所との協議で、児童養護施設で暮らす旬子（10歳）を里親に委託する方向で話を進めることになりました。

その後、里親候補とのかかわりを重ねて、旬子は里親家庭へ委託されました。

3か月後、里谷と児童相談所職員が訪ねると、里親夫婦は旬子の反抗に困っているようでした。

あまりにも疲れている里親夫婦の様子を見て、里谷たちはレスパイト・ケアを提案しました。

レスパイト・ケアで旬子は一時的にもとの施設で過ごし、そのあいだ里親夫婦は、里親会の集まりで先輩里親の体験談を聞くなどしました。

その結果、里親夫婦はリフレッシュして、新たな気持ちで旬子との生活をはじめました。

図 6-8　里親支援の例

演習 CASE 9 「退所に向けたソーシャルワーク」について考えよう

中谷俊男（中３）とその母は、夫からのＤＶを理由に母子生活支援施設で暮らしています。

入所してから３年が経ちましたが、入所当初は、母親が母子支援員の駒形結衣からのかかわりを避けていました。

しかし、しばらくすると母親は徐々に結衣と打ち解けてきました。そして、仕事を探したいと結衣に相談します。

結衣は一緒にハローワークに出向き、彼女ができそうな仕事を探しました。

しばらく探したところ仕事が見つかり、母親は働きはじめました。

そして今は、俊男が中学校を卒業するときに施設を退所し、二人で暮らしていきたいと考えています。

問題

① 入所当初、俊男の母は駒形結衣とのかかわりを避けていましたが、その後、打ち解けてきました。このように打ち解けてもらうためには、母子支援員として何が必要か考えてみましょう。

② 母子生活支援施設で生活する母子の状況をインターネットなどで調べてみましょう。

③ 俊男と母親が退所していくために必要な支援は何か考えてみましょう。また、退所後に起こると予想されることもふまえて考えてみましょう。

解説

① 信頼関係を築くことが支援の第一歩

子どもや利用者に対して支援をしていくためには、信頼関係が欠かせません。とくに母子生活支援施設は母親という大人が利用しているため、子どもよりもさらに関係づくりが難しいかもしれません。

また、この施設の入所理由として**配偶者からの暴力（DV）**が一番多い割合を占めていることからわかるように、多くの母親が暴力などを受けて心身ともに傷ついています。だからこそ、俊男の母のようにあまり誰ともかかわりたくないと感じている場合もあります。

そのため、母子支援員をはじめとする職員は、母親に対して「愛想の悪い人」や「かかわりにくい人」というようなレッテルを貼らず、適度な距離感を保ちながらかかわっていくことが重要です。最初は必要最低限のことしか話せないかもしれませんが、**少しでも力になりたいという母子に対する想いを持ってあきらめずにかかわっていけば**、次第に母親にも伝わり、打ち解けてくれるでしょう。その関係性が今後の支援にも大きくかかわってくるのです。

② 実態を把握してこそ、支援について考えられる

支援を考えるにあたり、利用している母子の実態を把握することはとても重要です。ただし、母子生活支援施設についての最近の書籍はほとんどなく、過去に出版されたものも在庫がない場合が多いです。そのため、インターネット上の資料やサイト、動画を参考にしましょう。

■厚生労働省HP

[社会的養護] ページ→統計・調査→○年度児童養護施設入所児童等調査→PDF「児童養護施設入所児童等調査の概要」→母子生活支援施設入所世帯（母親）の状況

■全国母子生活支援施設協議会HP

http://www.zenbokyou.jp/

■【動画】横浜市社会福祉協議会

「横浜の児童福祉施設で働こう
～児童福祉施設を目指しているみなさんへ～母子生活支援施設編」

③ 夫との関係や子どもの成長にも気を配ろう

俊男の母は結衣に仕事を探したいと言ってきましたが、場合によっては母子支援員のほうから母親へ就業について働きかけることもあります。そして、結衣が母親と一緒にハローワーク（職業安定所）へ行って就業の相談をしたように、母親とともに動くことも状況によっては必要です。

俊男の母は無事に仕事を見つけることができましたが、継続して働くことができるように**体調面や精神面での様子を把握**し、時には悩みを聞いたり、助言をしたりするなどのサポートが欠かせません。

また、俊男と二人で暮らすためには、夫との関係の整理も必要になります。夫が妻と息子のことを探していないのかなどの状況把握や離婚に関すること、場合によっては家庭裁判所に申し立てる保護命令などについても検討しなければなりません。安心して二人での生活をはじめられるようにするのです。

そして、俊男は中学生なので、高校受験に向けた**進路支援**も重要です。二人で暮らすにあたっては、俊男の**意思確認**も必要です。これらのことについては、母親と子どもそれぞれに立てられる自立支援計画（ケアプラン）（p. 26、116）をふまえて支援していきます。

さらに、俊男の年齢が高くなるにしたがって気をつけなければならないことは、俊男が**両親のDV環境下で育った**という点です。父親から母親に対する暴力を見てきた子どもが成長し、今度は子どもが母親に対して暴力を振るうことがまれにあります。

そのため、施設に入所中にその兆しが見られたら、医師や心理療法担当職員に相談して適切な治療などを受けられるように支援します。また、退所後にそのようなことが起きれば、すぐに相談するように母親に伝えておくことも大切です。

このような支援を行うにあたって欠かせないことは、**相談できる関係性**です。母親はもちろんのこと、子どもとの信頼関係も築いておかなければなりません。そのためには、施設としても母子支援員だけでなく、少年を指導する職員（少年指導員）や保育士（施設によって配置されている）などの他職種との連携も必要なのです。

演習 CASE 10 里親養育における“試し行動”について考えよう

母親からの虐待を理由に、２歳から児童養護施設「未来の家」で暮らしていた宗哉は、４歳で里親に委託されました。

❶

宗哉は手伝いなどをしてくれる「いい子」でしたが、時折、暗い表情をすることもありました。

❷

ある日、夕食を手づかみで食べはじめました。

❸

また、今度はお茶やジュースを台所の床にまき散らします。

❹

さらに、里母にオムツをしてとせがんだり、哺乳瓶で飲み物を飲みたいと言い出したりしました。

❺

里親夫婦は驚いて、里親認定研修のテキストで宗哉の行動について調べはじめました。

❻

里親はこれらの行動を理解し、宗哉のすべてを受け入れる覚悟をします。

❼

その対応により、宗哉の様子は次第に落ち着いていきました。

❽

問題

① 宗哉のように家庭から施設、そして里親へと暮らす場所とともに養育する人が変わっていくことが、子どもにとってはどのように感じられるのか考えてみましょう。

② ご飯を手づかみで食べ、飲み物を床にまき散らすといった試し行動とは、どのような意味があるのでしょうか。

③ 宗哉の様子が落ち着いていったのはなぜだと思いますか。

解説

① 養育者が頻繁に変われば不安を抱く

家庭で育っている場合、親が変わることはほとんどありません。もしあるとすれば、再婚して一方の親が変わる場合などです。宗哉の場合、母親から虐待を受けて２歳で施設に行き、そこで出会った職員と２年で別れ、里親のもとに来ました。つまり、４歳にして２回も養育者が変わったことになります。

このことが宗哉にとって、**また養育者が変わってしまうかもしれないといった漠然とした不安**につながることが考えられます。そのため、自分を見放さないでいてもらえるように、「いい子」を取り繕うこともあるのです。

② 養育者を信頼するための行動

①のように、養育者が変わる経験をした子どものなかには、「いい子」にしていても不安は取り除かれることはなく、次の段階として養育者を「試す」ことをする場合があります。これを**試し行動**といいます。

試し行動は、自分をどこまで受け入れてくれるのかを知りたいという無意識の行動です。わざと養育者を困らせることをして、「このようなことをしても愛してくれるのか」という、**養育者を信頼するための確認を行っている**のです。

※試し行動は、虐待を受けた経験をもち、大人への信頼関係がない子どもに多く見られます。

③ 本当に愛情を抱いて受け入れてくれる存在によって子どもは変わる

②のように、試し行動によって養育者が自分を愛してくれるのだという確認ができると、次は**退行現象**が見られることがあります。哺乳瓶をくわえたり、オムツを着けたいと言ったり、場合によっては抱っこやおんぶを求めるなど、実年齢にはそぐわない行動をとるのです。これは、**赤ちゃん返り**とも呼ばれ、甘えたい、自分のことをもっと見てほしい、守ってほしいなどという思いが背景にある行動です。

里親夫婦は宗哉のさまざまな試し行動だけでなく、このような退行現象も**すべて受け入れる覚悟**を決めて対応していきました。そのため、宗哉は「里親夫婦は自分の母親のように自分を痛めつけることをせず、また見捨てることもしない」という信頼や安心といった感情を抱くことができたのです。その結果、**また養育者が変わってしまうのではないかという不安が解消され、行動が落ち着いていった**のだと考えられます。

このように、虐待を受けてきたり、施設から里親へ措置変更されたりした子どものなかには、試し行動や退行現象で里親を困らせることがあります。しかし、本当に愛情を抱いて受け入れてくれる存在であることを感じることで、子どもは変わってくるのです。養育者にとっては、とまどうことやイライラすることもありますが、これを乗り越える必要性を考えて、対応することが求められます。

■引用文献

新たな社会的養育の在り方に関する検討会「新しい社会的養育ビジョン」2017年

こども家庭庁「令和4年度 児童相談所における児童虐待相談対応件数（速報値）」2023年a

こども家庭庁「社会的養育の推進に向けて（令和5年4月5日）」2023年b

厚生労働省「2022（令和4）年 国民生活基礎調査の概況」2023年

厚生労働省「平成30年 児童養護施設入所児童等調査の結果（平成30年2月1日現在）」2020年

■参考文献

原田旬哉・杉山宗尚編著『図解で学ぶ保育　社会的養護Ⅰ［第2版］』萌文書林、2023年

橋本好市・原田旬哉編著『演習・保育と社会的養護内容』みらい、2014年

橋本好市・直島正樹編著『保育実践に求められるソーシャルワーク――子どもと保護者のための相談援助・保育相談支援』ミネルヴァ書房、2012年

厚生労働省「フォスタリング機関（里親養育包括支援機関）及びその業務に関するガイドラインについて」2018年

直島正樹・原田旬哉編著『図解で学ぶ保育　社会福祉［第2版］』萌文書林、2017年

財団法人資生堂社会福祉事業財団監修・STARS（資生堂児童福祉海外研修同窓会）編集委員会編集『ファミリーソーシャルワークと児童福祉の未来――子ども家庭援助と児童福祉の展望』中央法規出版、2008年

第7章

記録と評価

❶ 記録の必要性

記録はとても大切なものです。それは社会的養護の領域においても同じであるため、その必要性をしっかり理解しなければなりません。ここでは、子どもと家庭・家族に対する支援に関する記録の大切さについて取り上げます。

1 子どもに対する支援のため

記録は子どもの状況把握のためには、欠かせないものです。たとえば、施設で暮らす子どもについては、施設での生活状況、学校などにおける様子、学習状況、人間関係、健康状態などについて記録しています。その記録をもとに、子どもの成長や抱える課題などを把握することもできます。また、多角的に（いくつかの方面から）とらえたり過去と現在の状況を比較したりできるため、施設内や関係機関との会議などで子どもの支援について検討することにも役立っています。

さらに、施設の職員は交代で勤務をしていますが、**引き継ぎ**の際の資料としても活用できます。職員が子どもの様子などの情報を記録として共有すれば、自分が不在時の子どもについて把握することができるため、切れ目のない連続した支援が可能になります。このように、記録が子どもへの支援にとって重要であることがわかります。

2 家庭・家族に対する支援のため

第６章の②家庭支援でも説明したように、子どもにとって家庭や家族は大切な存在です。その家庭や家族を支援し、家族再統合を図ることは施設が果たすべき役割の一つなのです。

そのため、子どもの家族に対する気持ちや考え、家族の悩みや子どもに対する気持ち、子どもと家族がかかわる面会や外出、外泊（一時帰宅）に関することなど、施設が把握できる情報を記録しておくことで、その記録をもとに関係機関との協議を行い、情報を共有して家族再統合に向けた支援を実施できるのです。

以上のように、子どもや家庭・家族を支援していくうえで記録の存在は不可欠です。ただし、記録の内容は**個人情報**であり、子どもや家族にとって周囲には知られたくない内容が記載されていることがあるため、記録の紛失や盗難はもちろんのこと、記録の内容が漏洩（ろうえい）することが絶対にあってはなりません。つねに適切な方法で記録の管理を行う必要があります。子どもや家族などさまざまな関係者に多大な迷惑がかかる可能性があることから、記録の管理については十分に注意すべきなのです。

図７-１　社会的養護における記録

●個人の記録は鍵つき保管庫に入れ、鍵の所有者を限定する。
●記録を残すためのパソコンはインターネットにつながない。
●ケース記録本体は職員事務所から絶対に持ち出さない。
●入所児の写真・動画は施設所有のカメラ以外では撮影しない。
●飲食店や電車のなかでは個人の情報について話さない。
●職員と入所している子どもが一緒に情報管理の大切さやSNSの利用方法について学ぶ会を開く。
……etc.

図７-２　個人情報の漏洩を防ぐには

❷ ケアプラン（自立支援計画）の策定

1 児童相談所が作成する援助方針（援助指針）

子ども・若者ケアプラン（自立支援計画）ガイドラインによると、**ケアプラン（自立支援計画）**は、**養育・支援計画**と**家庭復帰支援計画**とに分けて策定することになっています。これらは、児童相談所の**援助方針（援助指針）**をもとに策定されます。

援助方針（援助指針）が立てられるまでの流れを説明します。児童相談所は、まずはその子どもや、家族など子どもを取り巻く環境について、さまざまな情報を集めて分析します。これを**子ども家庭総合アセスメント**といいます。分析する際には、子どもや家族の能力や強み、可能性を重視することが大切です。それが支援の手がかりになるためです。

子ども家庭総合アセスメントの結果は**子ども家庭総合評価表**に示され、これを資料として**援助方針会議**が行われ、**総合診断（判定）**が出されます。そして、総合診断（判定）にもとづき、その子どもや家族などに対し最も効果が期待できる援助方針（援助指針）が決まります。

2 ケアプラン（自立支援計画）の策定と留意点

児童相談所の援助方針（援助指針）にもとづき、ケアプラン（自立支援計画）である養育・支援計画と家庭復帰支援計画を策定することになります。

養育・支援計画は児童相談所・里親・ファミリーホーム・児童福祉施設などが協働して策定し、家庭復帰支援計画はこれに加えて市区町村の福祉部門の担当者など、地域で家庭を支援する機関が一緒に策定するべきとされています。

この時、子どもや保護者の思い・考えを十分に聴き取り、可能なかぎりそれらの意見を尊重した計画を立てます。また、親戚や地域の関係者などからの意見を聞くときには、プライバシーを守るため、あらかじめ本人や保護者の了解を得ることが大切です。

このようにして集めた情報やケース検討会議の結果などをふまえ、まずは支援の方向性や目標（家庭復帰など）である**支援方針**を立てます。この方針にもとづいて、おおむね６か月～１年で達成可能な**長期目標**と、おおむね３か月で達成可能な**短期目標**を立てます。これらは、子どもや保護者が自分で振り返って評価できるようなものや、具体的で実現できそうなものにします。

支援の目標や計画を具体的に設定すると、それらの達成に向けて取り組みやすくなります。その結果、子どもも保護者も達成感が得られ、自らの持つ力を思う存分発揮し、難しい問題にも取り組もうとする意欲が生まれるのです。

児童相談所

受付面接→調査→分析・診断→総合診断（判定）→援助方針（援助指針）の策定

子ども家庭総合アセスメント（行動診断、医学診断、心理診断、社会診断、など）

- 子どもの様子は？　家族の様子は？　地域の様子は？
- その子どもや家族の良いところ、元気なところは？
- 子どもや家族の権利はどのように守られている？
- どうすればその環境で支え合う体制ができる？

……etc.

子ども家庭総合評価表ができる → 総合診断（判定）が出る → 援助方針（援助指針）

児童福祉施設・里親

ケアプラン（自立支援計画）作成→支援の実施→確認・事後評価→再アセスメント

これを参考に

ケアプラン（自立支援計画）の策定・見直し

- 児童相談所・施設・里親・市町村の機関などが協働して策定
- 養育・支援計画と家庭復帰支援計画に分けるべきとされている
- 本人や家族の意見を聴き取り、できるかぎりそれらを尊重した計画を立てる
- 再アセスメントをふまえてケアプラン（自立支援計画）を見直し・策定する

モニタリングの結果をもとに、次の支援をどうすればいいか考える

確認（モニタリング）・事後評価

支援計画の達成具合をチェックする

日々の生活支援も、家族支援も、ケアプランにもとづいて行うのです！

施設や里親での支援の必要がなくなれば……

家庭復帰・養子縁組など

図7-3　自立支援計画はどのようにできて、どのように使われるのか

❸ 第三者評価・自己評価

あらゆる社会福祉分野の支援者は、つねに支援のあり方を考えなければなりません。その機会の一つとして、**第三者評価**があります。第三者評価とは、施設とは直接関係のない第三者（特別に指定された研修を受けた調査者）によって、施設のサービスが利用者やその家族にとって本当に良いものになっているのか、十分に権利が守られているのかなど、日々のサポートのあり方をチェックすることです。

社会福祉事業者の多くはこの第三者評価をかならず受ける必要があるわけではありません。ただし、社会的養護関係の施設（児童養護施設・乳児院・児童心理治療施設・児童自立支援施設・母子生活支援施設）には、定期的に外部の者による評価を受けて、その結果を公表することが**児童福祉施設の設備及び運営に関する基準**によって義務づけられています。

これはなぜかというと、これらの施設（母子生活支援施設を除く）は措置制度のもとで運営されており、子どもや家族が自分たちで施設を選んで利用できるシステムになっていないためです。つまり、施設が子どもや利用者に対していい支援をしていても、それによって子どもや保護者、利用者がその施設を選んでくれるわけではないのです。

逆に言えば、施設にとっては支援内容の良し悪しにかかわらず、入所してもらえる可能性があるということです。それでは子どもや家族に対する支援の質が低下してしまう危険があります。そこで、第三者評価によって外部の視点を取り入れる必要があるのです。なお、ファミリーホーム（小規模住居型児童養育事業）および自立援助ホーム（児童自立生活援助事業）の第三者評価受審は努力義務となっています。

第三者評価の実施方法としては、まずは受審する施設が、①支援内容や施設運営などに関する**第三者評価基準**にもとづいた**自己評価**と、②子どもやその保護者、利用者に対する施設に関するアンケートの**利用者調査**を行い、この二つの結果と、③施設のパンフレットや事業報告、事業計画などの計３点の資料を**第三者評価機関**に提出し、そこで事前分析が行われます。

その後、第三者評価機関の**評価調査者**による施設への**訪問調査**で職員に対する聴き取りや書類確認などを行い、その結果を施設へ伝えて、最終的に結果の公表という流れになっています。

また、３年に一度の第三者評価以外にも、毎年**自己評価**をするように求められています。自己評価は、まずは第三者評価基準の評価項目に沿って職員が個々に評価し、その後、施設全体で協議して、改善を図っていくことになっています。さらに、その結果を公表しなければなりません。

このような形で第三者評価と自己評価が行われていますが、どちらも施設を批判するためではなく、子どもや利用者の最善の利益につながる支援のために行うものである、ということを忘れてはいけません。

私たちの施設の
「機能」は、
そもそもどのような
ものか

私たちの施設は、
本来行うべき役割を
十分に果たせて
いるか

子どもの権利は
十分に守られているか

職員間の連携は
十分できているか

日々の支援は
十分に家庭的で、
子どもに寄り添って
いるか

図7-4　施設の自己評価の例

ジェノグラムを作成してみよう

家族構成を理解するために**ジェノグラム**（家族関係図）を書く技術を身につけましょう。

ジェノグラムは三世代以上の家族関係を図に表したものです。性別や年齢、婚姻関係、きょうだい・親子関係などを一定の記号や線を用いて表現します。

さまざまな事情がある家族を文章で説明しようとすると、ややこしくなりがちですが、ジェノグラムにすると一目でわかるようになります。

一般的な書き方のルールは次のようになっています。

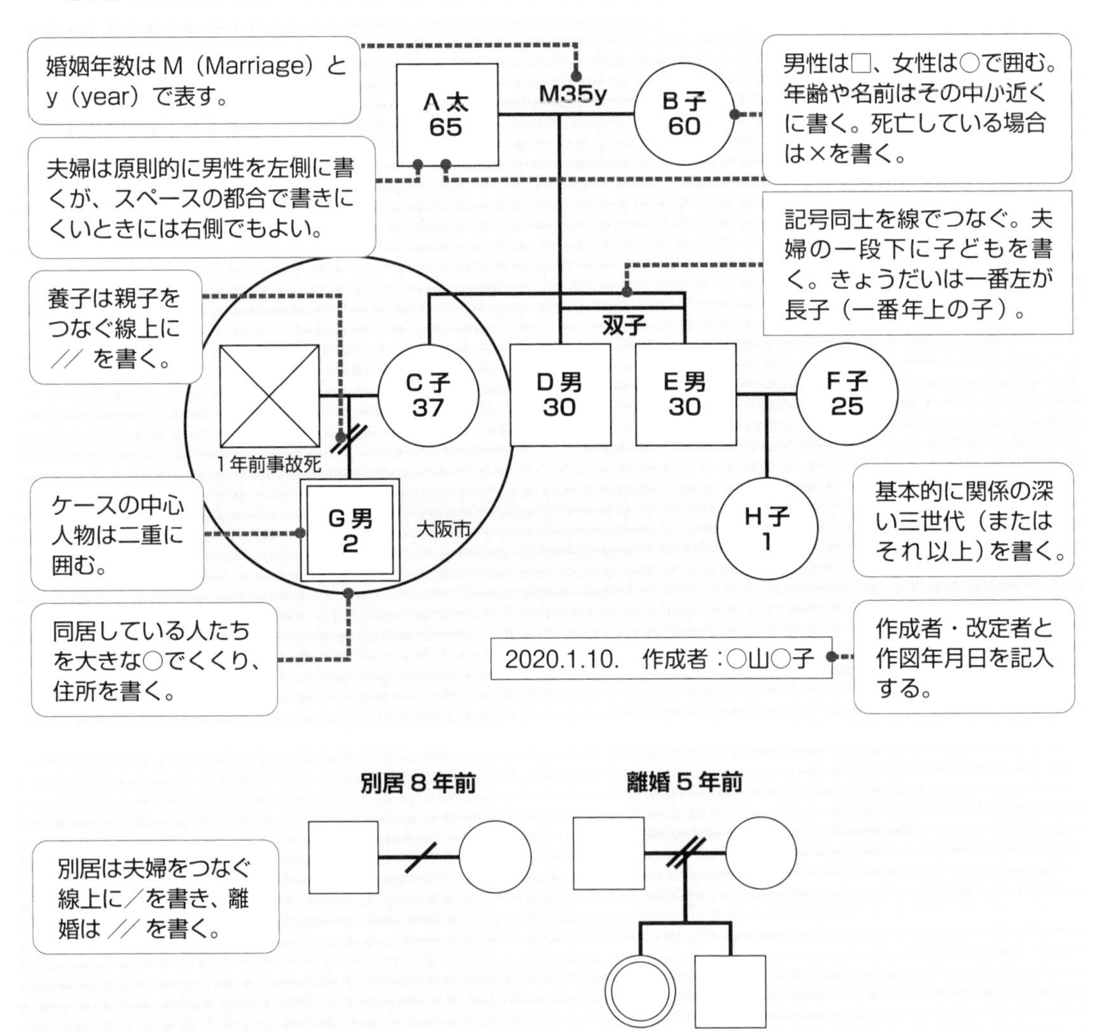

ジェノグラムは、その家族を理解しやすくするための手法です。子どもやその家族と一緒にジェノグラムを作ると、子どもや家族自身が自分の置かれている状況に気づき、そこからさまざまな手段を考えていくきっかけになります。

問題

下のケースのジェノグラムを海老助を中心人物として書いてみましょう。

鯛田家は４人家族で、大阪府に在住しています。

夫（父）の勝夫（40歳）と妻（母）の鱈香（37歳）は12年前に結婚しました。結婚して２年後に長男の海老助（10歳）が生まれました。その２年後には長女の鮎美（８歳）が生まれています。

１年前に勝夫は脱サラをして、コンビニエンスストアの経営をはじめました。人件費を節約するため、鱈香も店を手伝うことになりました。二人は交代で勤務をしていて、どちらか一人は自宅にいるようにはしていますが、24時間営業で人件費などの経費を少なくするため勝夫は夜勤が多く、鱈香も残業で子どもの面倒をみることができない日がたびたびあります。その場合は、近くに住む夫の母親（父方祖母）の雨子（65歳）が子どもを預かってくれています。

勝夫には、母親の雨子、兄の勝一（43歳）がおり、父親の鱒二は３年前に病死しました。鱈香のほうは父親（母方祖父）の桃太（63歳）と母親（母方祖母）のスミレ（61歳）、妹の鯵子（33歳）の４人家族でしたが、鱈香が15歳のときに両親は離婚し、スミレと鯵子が二人で暮らしています。

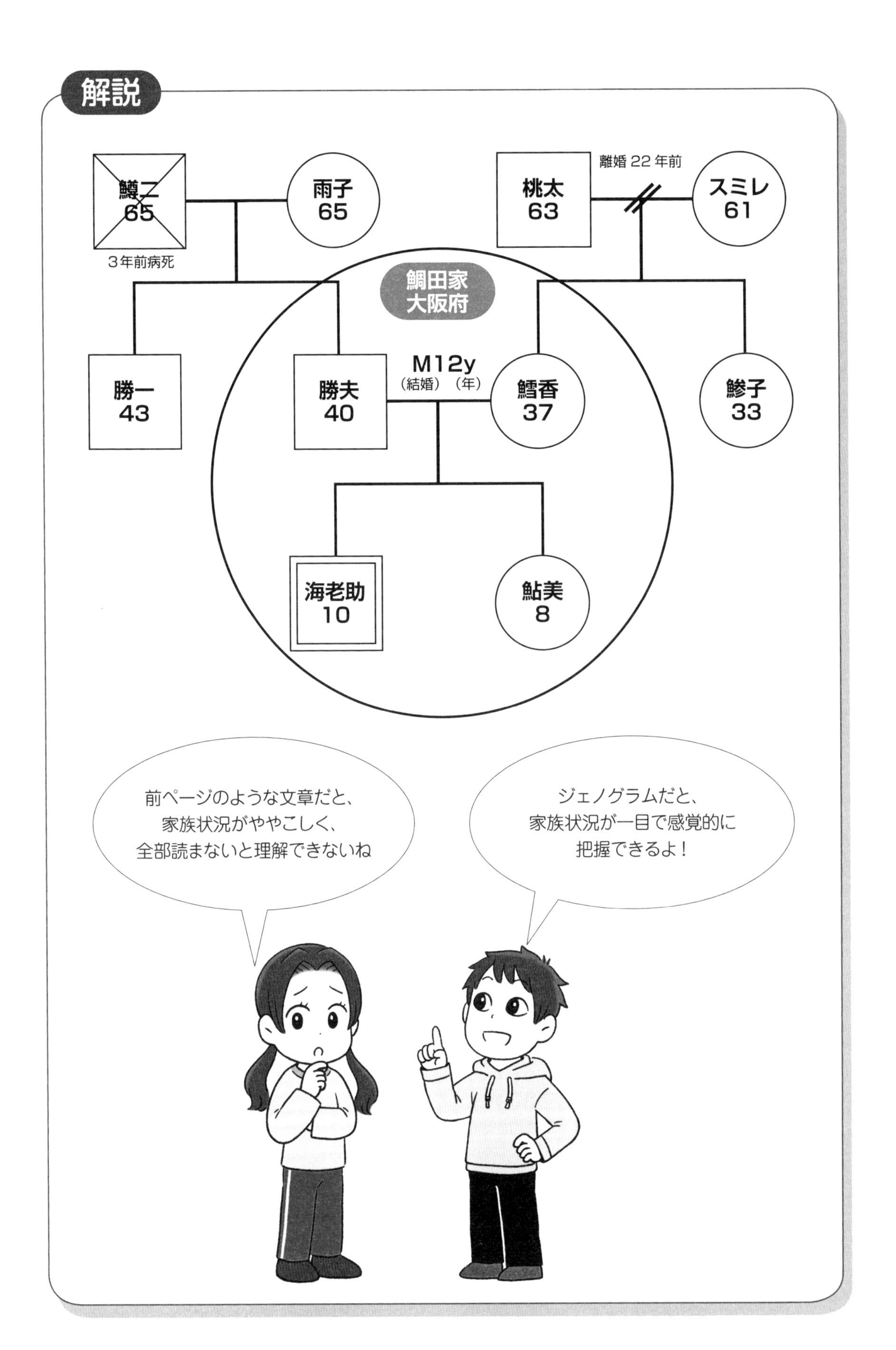
解説
鱒二
65
3年前病死
雨子
65
桃太
63
離婚 22 年前
スミレ
61
鯛田家
大阪府
勝一
43
勝夫
40
M12y
（結婚）（年）
鱈香
37
鯵子
33
海老助
10
鮎美
8
前ページのような文章だと、
家族状況がややこしく、
全部読まないと理解できないね
ジェノグラムだと、
家族状況が一目で感覚的に
把握できるよ！

エコマップ

ジェノグラムは家族関係を図で示すものですが、エコマップは人や社会資源（人や物、機関など）との関係性を表すものです。

作成方法としては、それぞれの関係を線でつなぎます。その線の種類や本数で関係性が表されます。エコマップもジェノグラム同様に、さまざまな情報を視覚的に表現することができます。

以下のエコマップは左ページの鯛田家のジェノグラムに関係性を追加したものです。

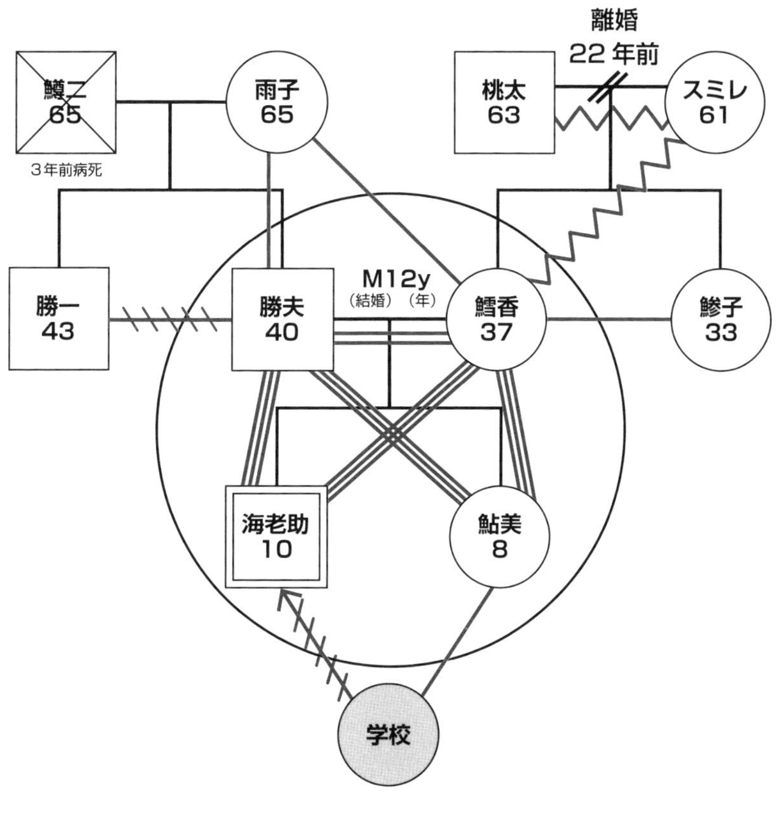

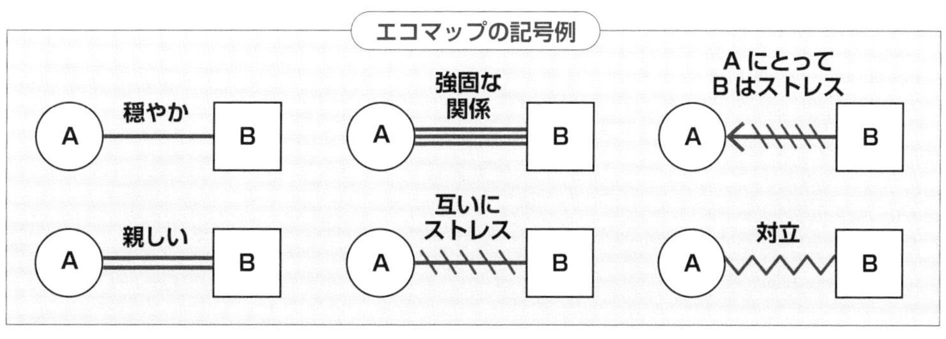

■参考文献

小林奈美『実践力を高める家族アセスメント PartⅠ　ジェノグラム・エコマップの描き方と使い方――カルガリー式家族看護モデル実践へのセカンドステップ』医歯薬出版、2009年

厚生労働省HP「社会的養護関係施設における第三者評価及び自己評価の実施について」2020年4月15日閲覧

みずほ情報総研株式会社「別冊２　子ども・若者ケアプラン（自立支援計画）ガイドライン」2018年

みずほ情報総研株式会社「社会的養護対象の０歳児～18歳到達後で引き続き支援を受けようとする者に対する効果的な自立支援を提供するための調査研究（総合アセスメント及び自立支援計画・継続支援計画ガイドラインの作成）報告書」2018年

社会福祉士養成講座編集委員会編集『新・社会福祉士養成講座７　相談援助の理論と方法Ⅰ［第３版］』中央法規出版、2015年

社会的養護第三者評価等推進委員会編『社会的養護関係施設における「自己評価」「第三者評価」の手引き』社会福祉法人全国社会福祉協議会、2013年

索引

あ

か

さ

た

な

は

ま

や

ら

編著者紹介

杉山宗尚（すぎやま・むねまさ）

第１章第１節、第２節、演習 CASE1 ／第２章第１～３節／第３章演習 CASE4・5 ／第５章第２節／ p. 32

頌栄短期大学准教授。社会福祉士。14 年間、児童養護施設で勤務し、主に実習担当として施設での実習指導に取り組む。養成校でも社会的養護施設職員の養成・人財確保に力を注いでいる。主な著書に『図解で学ぶ保育　社会的養護Ｉ』（共編著、萌文書林）、『図解で学ぶ保育　社会福祉』（共著、萌文書林）、『保育実践に求められる子ども家庭支援』（共著、ミネルヴァ書房）、『演習・保育と社会的養護実践―社会的養護Ⅱ―』（共著、みらい）などがある。

原田旬哉（はらだ・じゅんや）

第１章第３節／第４章／第６章演習 CASE10 ／ p. 16 ／ pp. 38-39 ／ p. 60

園田学園女子大学人間教育学部教授。社会福祉士。児童養護施設で主任指導員、家庭支援専門相談員を経て現職。兵庫県児童虐待等対応専門アドバイザー、要保護児童対策地域協議会アドバイザー(加東市・芦屋市)、尼崎市いじめ問題対策審議会委員。主な著書に『図解で学ぶ保育　社会的養護Ｉ』『図解で学ぶ保育　社会福祉』（以上共編著、萌文書林）、『演習・保育と社会的養護内容』（共編著、みらい）、「児童相談所の役割と課題 ケース記録から読み解く支援・連携・協働」(共著、東京大学出版会)などがある。

執筆者紹介

谷　俊英（たに・としひで）

第５章演習 CASE8 ／第６章第１～３節

大阪大谷大学専任講師。社会福祉士。14 年間、児童養護施設で児童指導員、里親支援専門相談員に従事し現職へ至る。主な研究テーマは児童虐待予防と親支援プログラム。主な著書に『図解で学ぶ保育　社会的養護Ｉ』（共著、萌文書林）、『演習・保育と社会的養護実践―社会的養護Ⅱ―』（共著、みらい）、『はじめての子ども家庭福祉』（共著、ミネルヴァ書房）などがある。

久保田美沙子（くぼた・みさこ）

第２章演習 CASE2 ／第３章第１節／第５章第１節／第６章演習 CASE9

社会福祉法人ほどがや ほどがや地域活動ホームゆめ。保育士、幼稚園教諭。学生時代に母子生活支援施設でボランティアをはじめ、少年指導員としても勤務した。その後、複数の保育者養成校で勤務し現職。主な著書に『演習・保育と社会的養護実践―社会的養護Ⅱ―』（共著、みらい）などがある。

西川友理（にしかわ・ゆり）

第３章演習 CASE6 ／第７章

大和大学白鳳短期大学部講師。社会福祉士、保育士。児童養護施設にて児童指導員として勤務ののち、退職。大学院に進学後、複数の養成校で福祉系専門職養成に従事。主な研究テーマは福祉系専門職養成教育・支援者支援（保育士など誰かを支援する人に対する支援）。主な著書に『社会的養護』（共著、学文社）、『新版　保育士をめざす人の子ども家庭福祉』（共著、みらい）などがある。

小島知子（こじま・ともこ）

第３章第２節、演習 CASE3

園田学園女子大学／園田学園女子短期大学部非常勤講師。キンダーカウンセラー。公認心理師、臨床心理士、社会福祉士、保育士。認定こども園愛和学園評議員。児童養護施設や乳児院での心理療法担当職員や、スクールカウンセラーなどを経て現職。主な著書に『演習·保育と社会的養護実践―社会的養護Ⅱ―』（共著、みらい）がある。

●装幀　大路浩実
●本文デザイン・DTP　黒田陽子（志岐デザイン事務所）
●イラスト　イケナオミ

図解で学ぶ保育

社会的養護Ⅱ

2021年 9 月28日　初　版第 1 刷発行
2023年 4 月 1 日　初　版第 2 刷発行
2023年12月31日　第 2 版第 1 刷発行

編著者　杉山宗尚・原田旬哉
発行者　服部直人
発行所　株式会社萌文書林
〒113-0021　東京都文京区本駒込6-15-11
Tel. 03-3943-0576　Fax. 03-3943-0567
https://www.houbun.com/
info@houbun.com

印　刷　萩原印刷株式会社

乱丁・落丁本はお取り替えいたします。
定価はカバーに表示してあります。

ISBN978-4-89347-412-4